语言学纲要(修订版)学习指导书

王洪君等　编著

图书在版编目(CIP)数据

语言学纲要(修订版)学习指导书/王洪君等编著.—北京:
北京大学出版社,2011.1
(博雅21世纪汉语言专业规划教材)
ISBN 978-7-301-18348-9

Ⅰ.①语… Ⅱ.①王… Ⅲ.①语言学－高等学校－教学参考资料
Ⅳ.①HO

中国版本图书馆 CIP 数据核字(2010)第 260420 号

书　　　名:语言学纲要(修订版)学习指导书
著作责任者:王洪君等　编著
责　任　编　辑:李　凌
标　准　书　号:ISBN 978-7-301-18348-9/H · 2730
出　版　发　行:北京大学出版社
地　　　　址:北京市海淀区成府路 205 号　100871
网　　　　址:http://www.pup.cn　电子邮箱:zpup@pup.pku.edu.cn
电　　　　话:邮购部 62752015　发行部 62750672　出版部 62754962
　　　　　　编辑部 62753374
印　刷　者:三河市北燕印装有限公司
经　销　者:新华书店
　　　　　　650mm×980mm　16 开本　9 印张　133 千字
　　　　　　2011 年 1 月第 2 版　2022 年 7 月第14次印刷
定　　　价:25.00 元

未经许可,不得以任何方式复制或抄袭本书之部分或全部内容。
版权所有,侵权必究
举报电话:010-62752024;电子邮箱:fd@pup.pku.edu.cn

编写说明

本书是《语言学纲要(修订版)》(叶蜚声、徐通锵著,王洪君、李娟修订)的教学辅导书,适合使用该教材的老师和学生使用,也可供高校其他语言类课程的老师、学生及语言学爱好者参考。

全书主要由教学指导和习题两大部分组成,以教材各章为序分章,习题分章后附。本书文字版不附习题答案,这是因为,这些习题有的需要学生自己从教材或指导书中去寻找答案,有的需要学生运用所学知识做出自己的分析,还有的是开放性的,没有唯一的答案。不附答案有利于促进学生思考。此外,各章所需延伸阅读的文献及出处可利用教材的脚注,本书不再另外给出。

本书的编写由北大中文系语言学教研室的多位老师分担。具体分工如下:全书的规划和统稿,王洪君;导言、第一章、第二章,李娟;第三章叶文曦、王洪君;第四章董秀芳;第五章叶文曦;第六章王洪君;第七章、第八章,汪锋、陈保亚;第九章董秀芳。

欢迎读者指出本书的错误、提出需要补充的内容,我们将及时补正。

编 者
2010 年 7 月

目　录

导　言 ………………………………………………………… 1
　一、语言学的对象和学科性质 ………………………………… 1
　二、语言学在科学体系中的地位 ……………………………… 5
　三、语言学有哪些应用价值？ ………………………………… 6
　练习与思考 ……………………………………………………… 7

第一章　语言的功能 …………………………………………… 8
　第一节　语言的社会功能 ……………………………………… 8
　　一、为什么说语言是一种特殊的社会现象？ ………………… 8
　　二、如何理解语言的信息传递功能？ ………………………… 9
　　三、如何理解语言的人际互动功能？ ………………………… 10
　第二节　语言的思维功能 ……………………………………… 10
　　一、如何理解语言和思维的关系？ …………………………… 10
　　二、如何理解语言思维功能的生理基础？ …………………… 11
　　三、如何从儿童语言习得过程理解语言和思维的关系？ …… 12
　　四、如何理解儿童语言习得和大脑分工的
　　　　临界期(the critical period)？ ……………………………… 13
　　五、如何理解语言和思维的普遍性和特殊性？ ……………… 13
　练习与思考 ……………………………………………………… 14

第二章　语言是符号系统 ……………………………………… 16
　第一节　语言的符号性质 ……………………………………… 16
　　一、如何理解语言和说话的关系？ …………………………… 16
　　二、如何认识语言的符号性？ ………………………………… 17
　第二节　语言符号的系统性 …………………………………… 19
　　一、如何理解语言符号的任意性和线条性？ ………………… 19
　　二、如何理解语言符号的层级体系？ ………………………… 21
　　三、如何理解组合关系和聚合关系？ ………………………… 23

第三节　语言符号是人类特有的 …………………………… 24
　　练习与思考 …………………………………………………… 25

第三章　语音和音系 …………………………………………… 27
第一节　语音和音系的区别与联系 …………………………… 28
　　一、为什么要区分语音学和音系学？ ………………………… 28
　　二、音素和音位的区别与联系 ………………………………… 28
　　三、国际音标与汉语拼音的区别 ……………………………… 29
第二节　从声学看语音 ………………………………………… 30
　　一、语音四要素 ………………………………………………… 30
　　二、什么是共振峰？共振峰和音质是什么关系？ …………… 31
第三节　从发音生理看语音 …………………………………… 31
　　一、新版修订内容详解 ………………………………………… 31
　　二、疑难辅音的发音练习 ……………………………………… 34
第四节　音位与音系 …………………………………………… 35
　　一、什么是音位？ ……………………………………………… 35
　　二、怎样理解音位定义中的"区分词的语音形式的作用"？ … 36
　　三、分布类型（对立、互补、自由替换）与音位和音位变体 … 36
第五节　音位的聚合 …………………………………………… 38
　　区别特征和音位聚合系统的平行对称性 ……………………… 38
第六节　语音单位的组合 ……………………………………… 38
　　一、音节结构 …………………………………………………… 38
　　二、弱化 ………………………………………………………… 39
　　三、音步等更大的语音单位 …………………………………… 40
练习与思考 ……………………………………………………… 41

第四章　语　　法 ……………………………………………… 44
第一节　语法和语法单位 ……………………………………… 45
　　一、语言结构的规则性 ………………………………………… 45
　　二、词的定义及词和语素、词组的区别 ……………………… 46
　　三、语法单位在不同语言中的不同表现 ……………………… 46
第二节　组合规则 ……………………………………………… 47
　　一、词的内部构造 ……………………………………………… 47

二、词的组合的五种基本结构类型 …………………… 48
　　三、语法意义及其和语法形式之间的关系 …………… 49
　　四、句法组合的层次性 ………………………………… 50
　第三节　聚合规则 …………………………………………… 52
　　一、词类的划分 ………………………………………… 52
　　二、形态变化的主要形式 ……………………………… 54
　　三、语法范畴 …………………………………………… 54
　第四节　变　　换 …………………………………………… 57
　　一、句式的变换 ………………………………………… 58
　　二、变换与句法同义的辨析 …………………………… 59
　　三、变换分析对揭示和分化句法多义的作用 ………… 59
　第五节　语言的结构类型和普遍特征 ……………………… 61
　　一、语言的结构类型 …………………………………… 61
　　二、语言的普遍特征 …………………………………… 62
　　三、本章的俄语语料用例说明 ………………………… 63
　练习与思考 …………………………………………………… 65

第五章　语义和语用 …………………………………………… 69
　第一节　词汇和词义 ………………………………………… 70
　　一、语言的意义主要有哪些层次？ …………………… 70
　　二、基本词汇及其特点 ………………………………… 71
　　三、一般词汇 …………………………………………… 71
　　四、词的词汇意义可以区分哪些层次？ ……………… 72
　　五、词义的概括性特点 ………………………………… 72
　第二节　词义的各种关系 …………………………………… 74
　　一、多义词 ……………………………………………… 74
　　二、词义派生的条件 …………………………………… 75
　　三、隐喻和转喻 ………………………………………… 76
　　四、同义词 ……………………………………………… 77
　　五、反义词的两种主要类型 …………………………… 78
　　六、什么是词义的上下位关系？ ……………………… 78
　　七、语义特征和语义场 ………………………………… 79

第三节 句　　义 ·· 81
　　一、词语搭配成立的条件是什么？ ······················ 81
　　二、什么是句子的语义结构？ ······························ 82
　　三、如何理解"使动"？ ···································· 83
　　四、常见的语义角色应该如何理解？ ·················· 83
　　五、如何理解语气和情态？ ································ 84
　　六、如何区分句义的蕴涵、预设？ ····················· 85
第四节 语　　用 ·· 85
　　一、语境有哪些类型？物理语境主要有哪些要素？ ··· 85
　　二、如何理解"话题"？ ···································· 86
　　三、"话题链"是怎样形成的？它和篇章的组织方式有什么关系？ ··· 87
　　四、"话题"和"施事"、"主语"有什么不同和关联？ ···· 87
　　五、焦点和预设有什么不同？焦点是如何表达出来的？ ··· 88
　　六、如何理解间接言语行为？ ······························ 89
练习与思考 ··· 90

第六章　文字和书面语 ·· 92
　　一、文字的基本性质 ·· 92
　　二、自源文字的产生和文字的基本性质 ················ 93
　　三、文字是符号系统 ·· 94
　　四、文字的共时分类 ·· 96
　　五、从自源文字的历时发展和他源文字的改进或换用
　　　　看文字类型和语言类型的关系 ······················ 97
　　六、口语与书面语 ·· 98
练习与思考 ··· 99

第七章　语言的演变与分化 ······································ 100
第一节 语言演变的原因和特点 ································· 101
　　一、社会、人际交流是语言演变的基本条件 ········ 101
　　二、语言中各种因素的相互影响和语言的演变 ···· 102
　　三、语言演变的特点 ·· 103
第二节 语言的分化 ·· 104
　　一、语言随着社会的分化而分化 ·························· 104

二、社会方言 ……………………………………………… 105
　　三、地域方言 ……………………………………………… 105
　　四、亲属语言和语言的谱系分类 ………………………… 106
　练习与思考 …………………………………………………… 107

第八章　语言的接触 ……………………………………… 109
第一节　社会接触与语言接触 ………………………… 109
第二节　不成系统的词汇借用 ………………………… 110
　　一、借词 …………………………………………………… 110
　　二、借词与社会 …………………………………………… 111
第三节　语言联盟与系统感染 ………………………… 112
　　一、语言联盟与社会 ……………………………………… 112
　　二、系统感染 ……………………………………………… 112
第四节　语言的替换和底层 …………………………… 113
　　一、语言替换 ……………………………………………… 113
　　二、语言替换的社会原因 ………………………………… 113
　　三、自愿替换和被迫替换 ………………………………… 114
　　四、语言替换的过程 ……………………………………… 114
　　五、语言换用与底层遗留 ………………………………… 115
第五节　通用书面语、民族/国家共同语进入方言或
　　　　　　民族语的层次 ………………………………… 115
　　一、通用书面语与地方语 ………………………………… 115
　　二、文白异读与汉语方言中的通用语层次 …………… 116
　　三、外族书面语的层次 …………………………………… 117
　　四、共同语 ………………………………………………… 117
第六节　语言接触的特殊形式——混合语 …………… 118
　　一、洋泾浜 ………………………………………………… 118
　　二、混合语 ………………………………………………… 118
　　三、我国境内的土汉语和混合语 ………………………… 119
　　四、世界语 ………………………………………………… 119
　练习与思考 …………………………………………………… 120

第九章　语言系统的演变 ………………………………………… 121
第一节　语音的演变 ……………………………………………… 122
一、研究语音演变的材料 ……………………………………… 122
二、语音演变的规律性和演变机制 …………………………… 123
三、语音对应关系和历史比较法 ……………………………… 123
第二节　语法的演变 ……………………………………………… 125
一、组合规则的演变 …………………………………………… 125
二、聚合类的演变 ……………………………………………… 126
三、类推 ………………………………………………………… 126
四、结构的重新分析 …………………………………………… 127
五、语法化 ……………………………………………………… 127
第三节　词汇和词义的演变 ……………………………………… 128
一、新词产生、旧词消亡和词语替换 ………………………… 128
二、词汇演变与语言系统 ……………………………………… 129
三、词义的演变 ………………………………………………… 130
练习与思考 ………………………………………………………… 131

导　言

内容提要

导言简要介绍语言学作为一门独立学科的形成发展过程，由此说明语言学的研究对象和范围，学科的性质和特点，以及语言学在科学体系中的地位和应用价值。

教学目的

使学生对语言学的历史发展脉络、性质特征有整体上的初步认识，了解语言学研究的意义和价值。

重要名词概念

语言学　语文学　语言现象　普通语言学　共时语言学　历史语言学

教学建议

本章是语言学概论的开篇介绍，应使学生了解这门课作为基础学科基础理论课的魅力和价值，激发学生对语言科学的探求热情。可补充相关材料以使讲解更充实生动。这部分出现的一些基本概念多是在学科历史发展中逐渐形成的，并没有严格界定，其内涵丰富复杂，需要学生在今后学习研究中逐渐领会理解，此处只要求学生大致了解这些术语的基本意义和使用即可。

教学重点与难点提示

一、语言学的对象和学科性质

1. 如何看待语言学的对象和学科的性质？

语言学的对象是语言。这只是一种宽泛的说法。随之而来的问题就是：语言是什么？而对这个问题的回答正是语言学的研究内容。确切地说，人们直接面对的不是一般的语言，而是无处不在的各种语言现象。这一小节首先反思人们司空见惯的语言现象的独特性，它在人类生活中首屈一指的地位,使读者可以从中体会到,语言研究具有古老悠久的历史是一种必然结果,它是人类思想探索中不可或缺的研究领域,具有永恒的价值。语言学正是透过这些语言现象来探索语言的本质的。所以这个研究对象的确定过程本身就是一个语言学的发展过程。而语言学作为一门学科的性质和特点也是在发展中形成的。语言学的对象和学科性质是在语言学的历史发展中逐步确定的,应该从历史的角度和发展的眼光来认识这个问题。

2. 如何理解语言研究的发展历史?

语言研究历史漫长,内容丰富,书中只能做概要的介绍。目的是为了说明语言学的对象是如何确定的,语言学作为一门独立学科是如何形成的。同时,从语言研究的历史发展还可以看到,对语言现象的观察描写、对语言本质的探求,和人类基本的哲学思考、人类各种文化传统的形成延续以及人类对周遭世界各类现象的认知,始终密切关联。

人类对语言最早的理性认识产生于各古典文明形成和兴盛时期,是由一些思想家、哲学家阐述的,散见在他们并非专门关于语言的著述中。中国先秦时期的哲人,像老子、孔子、墨子、荀子、公孙龙子等都有关于语言性质的论述,对中国传统语言研究有很大影响。古希腊的哲学家苏格拉底(Socrates)、普罗塔哥拉(Protagoras)、柏拉图(Plato)、亚里士多德(Aristotle)等,不仅提出了一些重要的语言观念,而且还最早发现了古希腊语的一些基本语言范畴,奠定了西方语法研究的基础。这一时期的研究还谈不上系统的语言研究,但其思想对后世语言学影响深远。

真正对语言的系统研究是语文学时期。古典时期留下了许多文化典籍。随着时间的流逝,这些古籍所用的语言与后世的语言之间出现差异。为了继承文化遗产,一批人开始专门解读古人留下的经典著作,这称为语文学(philology),而其中最主要的工作是做语言上的注释。语文学时期形成了语言研究的三大发源地,古代印度、中国和古希腊——罗马,它们的研究传统是各自独立形成的。

系统的语言研究古代印度是最早出现的,著名的语法著作《波你尼(Pāṇini)经》大约成书于公元前6世纪前后(无定论,一说公元前4世纪前后),但古印度的语法研究在此之前已有很长时间的历史了。古代印度在构词法的研究上非常有建树。

中国早期的语文学研究可能在春秋战国时已经出现,汉代经学兴起后开始兴盛,有系统的文字、音韵、训诂著作,此类研究称为"小学"。

在古希腊,语文学的逐渐兴盛大致在公元前4世纪希腊化时代开始之后。现存最早的语法著作出现于公元前2世纪。古罗马语文学继承了古希腊的传统。

三个地区语文学研究的共同特征是，语言研究都是为了古代文化典籍的传承，为了解读古典文献，研究的对象都侧重于古代书面语，而非现实口语。这直接影响到这一时期语言研究的特点。一方面语文学主要是服务于其他社会功用，研究范围有局限性，还谈不上是独立的语言学研究。另一方面，各自的语言文字特征使不同地区语文学研究呈现出不同的面貌，影响到不同语言研究传统的形成，它们各具特色，共同为人类语言的探索做出了贡献。

一般认为，19世纪欧洲历史比较语言学的出现标志着语言学作为一个独立学科的形成。语言研究进入了新的时期。欧洲文艺复兴后，社会政治、经济、文化都有了飞速发展。近代思想观念和科学技术的进步一方面解放了人们的思想，促使新的语言研究观念和方法产生，另一方面使欧洲语言研究者的语言研究视野扩大，研究对象的范围不再局限于几种欧洲古典语言，而是把世界各地不同类型的语言都纳入了研究范围，同时也吸收了其他地区传统语言研究的成果。这极大地加深了人们对语言性质的认识，促进了语言研究的发展。19世纪，随着历史比较语言学的产生和发展，语言学作为一个独立学科开始形成。这体现在语言研究的目的不再仅仅是为其他研究提供帮助，而是为了发现语言自身的性质和规律，语言自身特有的规律以及语言研究特有的方法原则被越来越多地认识到，形成了完整的体系。同时相应的学科建制也开始出现，如专门的研究机构、大学科系、学术期刊等等，为语言学的独立发展提供必要的制度保证。

20世纪初，瑞士语言学家索绪尔（F. de Saussure）提出，语言是存在于同一社会中每个人心理中的共同的一般的形式结构，它是语言学研究的真正对象。这是明确语言学研究对象的重要一步。索绪尔去世后，他的学生根据他的授课笔记整理出版了《普通语言学教程》，这本书成为现代语言学形成的标志性著作。20世纪上半叶，结构主义语言学思想占主流，它们直接或间接受索绪尔语言学思想的影响，把语言看作一个结构体，着力分析描写各种具体语言的结构单位及其结构关系。结构主义的语言观念和研究方法对中国现代语言学研究影响也比较大。结构主义语言研究对语言基本性质的探索，对各种语言材料较全面的分析描写促进了现代语言学的发展。其中包含的重要语言学思想成为当代语言学学科的基础。此后语言学发展迅速，理论视角更为多样化。当代语言研究中，形式语言学强调语言作为人类天赋机制的内在普遍性,并努力通过形式句法分析的方法探索揭示语言的这一性质及其各种类型表现;而功能语言学则从语言功能的视角出发,探求语言的多种属性,并以语言形式本体为中心,逐步扩大研究的视野。形式主义和功能主义成为当代语言学的两大主要流派。语言学发展至今,作为研究对象的语言已经得到了更全面的研究,包括语言的基本属性、语言的结构特点、语言的存在方式、语言的发展变化、语言和社会的联系、语言和人类思维的联系等等,都纳入了研究的范围。语言的性质得到越来越深入的认识。

语言研究的发展历史是逐渐确定语言的研究对象和研究目标的历史,是语言学学科逐渐形成并走向成熟的历史。

3. 如何理解语言学的分类?

认识语言学的学科性质,需要了解学科内部的分类。语言是一个复杂的系统,语言现象更是涉及多个领域内的众多因素。所以语言研究本身需要有各种分类,各有侧重,以达到对语言全面深入的认识。分类可以有不同的角度,下面介绍的各种分类,标准并不相同,不是在一个平面的分类。

语言系统可以分为语音、语法、语汇等几个子系统,每个子系统的研究都是语言研究的分支,称为语音学、语法学、语汇学等。

语言研究还可以分为共时语言学和历史语言学。前者是从一个特定时期的语言状态着眼,研究语言结构每个子系统的状态或各子系统间的关联,如现代汉语研究,现代英语研究;后者是研究语言每个子系统在不同时期所发生的变化及其变化中不同子系统之间的关联,如汉语史研究,英语史研究。

语言研究还可以分为具体语言研究和普通语言学。前者以某一具体语言为分析描写对象,总结其结构特征,如汉语研究,法语研究;后者综合具体语言研究的成果,以寻求语言的共性原理为目标,是关于语言的一般规律的理论研究,如这门课程就属于普通语言学的性质。

语言学除了关注语言本体的结构性质和发展规律,也要探究语言系统与人,与社会之间错综复杂的联系。20世纪后半期,语言学还形成了一些带有学科交叉性和应用性的研究分支,如社会语言学、心理语言学、计算语言学、数理语言学、神经语言学等新的语言学分支。

由于语言学对象的复杂性,语言学研究也有不同的视角,形成不同的研究理论体系和方法。基于这些理论差异,也有对语言学的分类,如结构语言学、生成语言学、认知语言学、功能语言学、篇章语言学等。

虽然语言学科内部有各种分类,但需要注意的是,分类并不意味着研究各自独立。相反,语言学内部各分支相互依存,关系密切。语音、语法和语义相互关联,共时和历时不可分割,具体语言研究离不开理论观念和方法,普通语言学研究需要具体语言材料的印证。总之,语言学的不同分支虽各有侧重,但彼此间相互关联,不能简单割裂。

二、语言学在科学体系中的地位

现代科学体系中,每一门学科都不是孤立存在的。了解语言学在科学体系中的地位,对于从宏观的视角把握这门学科的存在状态和发展方向是非常必要的。本小节内容可以从两个方面理解。

首先,语言学和其他学科间的关系体现在研究成果的彼此借鉴,研究过程的彼此协作上。这一点和语言学研究对象的特点相关。语言现象复杂多样,语言使用过程涉及众多不同的领域,许多不同的学科都从各自不同的角度关注、研究和语言相关的各种现象。这些学科研究的目的不完全在于语言自身,但这些研究对于全面认识和把握语言的各个侧面和各种特性是必需的,有益于语言本体研究的深入。由此形成语言学和其他许多学科间的协作关系。语言研究需要借助数学、逻辑学、物理学、生理学、心理学、历史学、考古学、人类学等众多领域的研究成果,同时也为这些领域的研究提供重要的帮助。

其次,语言学和其他学科的关系体现在思想观念研究方法的相互影响上。这一点可以从语言学发展的历史中反映出来。语言学首先深受哲学、逻辑学等历史悠久的人文学科思想方法的影响,到语言学摆脱对传统人文学科的附庸地位成为独立的学科后,还受到许多自然科学研究的影响。比如,19世纪,历史比较语言学的语言观念和研究方法都深受生物学的影响;20世纪初的语言结构思想与科学的整体论思想密切相关;生成语言学受数学、逻辑学影响;等等。与此同时,其他学科也开始从语言学理论中汲取有益的思想观念。20世纪的社会学、人类学、文学批评等都深受结构主义语言学的影响。

从19世纪后期开始,现代语言学的研究理念在很大程度上接受了物理学等自然科学的方法论原则,一些学者甚至直接提出语言学是一门自然科学。但另一方面,语言学又从未割断与传统人文学科千丝万缕的联系。语言学的这一特点在很大程度上源于语言现象的独特性。语言既具有社会属性,又是人类天赋的能力,既是贮存人类已有文明的宝库,又是人类新的精神创造的依托。语言是联系人类主观世界和外在客观世界的中介，是认识人类自身和外在世界的必要途径。所以说，语言学在科学体系中的地位是独特的，它是自然科学和人文科学联系的桥梁。语言学需要并正在成为一门领先的科学。

三、语言学有哪些应用价值？

语言学的应用价值指语言学研究在人类社会生活中的功用。语言学的应用价值表现在以下几个方面：

1. 满足文化传承和文化交流的需求。语言是交流的手段，是维系社会的纽带。可是不同的民族有不同的语言，同一民族在不同的历史时期，语言也有差异。语言间的区别成为文化历史传承和不同文明交流的障碍。不掌握母语之外的语言，就不能了解世界上其他地区的文化。不了解古代的语言，就不能解读历史上的文化经典。如果把语言看作是一套承载信息的编码，那么语言研究最直接的社会需求就是转码。语言研究帮助人们学习不同的语言，实现语言的古今转码，本族语和外族语的转码。语言文字教学就是这样的工作。为语言文字教学提供理论方法上的支持，这是语言学的一个重要的社会需求。

2. 语言研究协同其他学科研究一起，在社会生活中发挥作用。一些语言学研究成果为其他学科的研究提供支持和帮助，间接地实现其应用价值，如语言学在文学、历史学、考古学、心理学、神经生理学、信息科学、社会学等学科研究中起着重要作用。语言学和其他学科的交叉研究有些带有直接的应用价值，如病理语言学、神经语言学、计算语言学等。总之，随着科学体系的完善，语言学研究成果有了更广泛的社会应用。

3. 语言学研究为国家语文政策的制定提供支持。国家语文政策指一个国家的政府管理部门对于官方语言、民族共同语、文字使用等的确认和规范，从而保证语言文字在政府机构运作、文化教育、对外交流等方面更好地发挥作用。语文政策的制定要顺应语言自身的规律，因此需要语言学研究为之提供参考和依据。

随着社会的发展和语言研究的深入，语言学作为一门具有前沿性的科学必然会在人类社会生活中发挥越来越大的作用。

练习与思考

一、填空
1. 语言学的三大发源地是_____、_____和_____。
2. 语言学是____世纪成为独立的学科的,其标志是_____。
3. 现代语言学的标志性著作是瑞士语言学家_____的_____。
4. 语言交际过程可分为_____—_____—_____—_____—_____五个阶段。
5. 印度最早的经典所使用的语言是_____。
6. _____、_____、_____是中国"小学"的主要研究内容。

二、判断正误
1. 语文学主要是研究古代的口语和书面语。
2. 语言有自身结构的独立性,与系统之外的社会环境没有关系。
3. 理论语言学是研究语言一般规律的,不受具体语言研究影响。
4. 语言形式和内容的关系是语言研究的根本问题。

三、思考题
1. 语言与人类社会生活有哪些密切关联?
2. 语文学研究有哪些特征?
3. 语言学学科内部都有哪些研究分类?如何看待它们之间的关系?
4. 为什么说语言学是一门基础科学?
5. 为什么说语言学是自然科学和人文科学的桥梁?
6. 如何看待语言学研究的意义和价值?

第一章 语言的功能

内容提要

本章从语言的社会功能和思维功能两个方面讲授语言在人类生活中的职能作用,阐述语言社会功能和思维功能的各种外在表现、思维功能的生理基础以及人类语言和思维中共性和特性的关系。

教学目的和要求

认识语言的两种基本社会功能,信息传递功能和人际互动功能,认识语言形式在承载这些社会功能中具有的主体地位;了解语言与思维的关系,语言思维功能的生理基础,以及语言和思维的共性和特性。

重要名词概念

信息传递功能　人际互动功能　思维　人脑分工　独词句　临界期　儿童语言习得

教学建议

本章是从语言功能的角度阐述语言的基本属性,这两种功能分别体现了语言和社会、语言和人类自身的密切关联,对于把握语言的基本性质非常重要,也是掌握这门课程整体内容的重要基础。本章内容侧重理解,要注重阐述观念时结合具体例证,可适当补充参考神经语言学等相关研究成果。

教学重点与难点提示

第一节 语言的社会功能

一、为什么说语言是一种特殊的社会现象?

本节从语言的信息传递功能和人际互动功能两个方面介绍语言的社会功能,以揭示语言的社会属性。

社会是指生活在一个共同的地域中、说同一种语言、有共同的风俗习惯和文化传统的人类共同体。语言存在于社会中,是一种社会现象。一个人掌握使用哪种语言,取决于他所处的社会。生长在北京的孩子从小就要学会说汉语,生长在纽约的孩子从小就要学会说英语。因为语言是社会的,不同的社会有不同的语言。掌握这个社会的语言才能真正进入这个社会。

不仅如此,语言还是人类社会产生、存在和发展的必要条件,是使人与人之间取得联系的手段,是维系社会联系的纽带。没有语言,人与人之间的联系就会中断,社会就会解体。所以说,在各种社会现象中,语言是最特殊的一种社会现象。语言的社会属性是语言的重要性质,语言的社会功能是这一属性的具体体现。

二、如何理解语言的信息传递功能?

1. 了解在人类社会中语言信息传递的作用。

如果仅从个体力量来看,人与地球上的许多其他动物相比,都不是强者。作为个体的人很难与自然界恶劣的环境相对抗,更不用说主宰这个世界了。然而人类作为社会性的群体却具有极强的生存能力,具有顽强的生命力和创造性。社会人具有其他动物不可比拟的力量。人与人之间信息的传递是维系人类社会存在的基本前提。其他某些具有一定社会性的动物群体也具有信息传递的手段,比如蚂蚁的触角、狼的嚎叫、蜜蜂的舞蹈等等,但和人类语言的信息传递功能相比,这些手段就非常有限了。人类语言所能传递的信息是无限的,信息内容可以跨越时空。通过信息的交流,社会成员可以彼此分享各自的经验感知和思想成果,更好地分工协作,发挥潜能。从古至今,人类知识的积累,社会文明的进步,首先得益于信息的可传递性。人类社会能够建立起如此辉煌的文明,是以语言的信息传递功能为基础的。

2. 了解人类社会信息传递的其他方式及其与语言的关联

语言之外的信息传递方式可以从两个方面把握。首先,人们自身的面部表情、手势、躯体姿势等可以在人际交往时传递一些信息。这些传递信息的方式有些是伴随着语言的运用而具有的不自觉的表情语言或身势语言。如教材中所举的小说《红楼梦》描述的场景中凤姐的神态表情,是凤姐的内心情绪的自然流露,它传递出的信息在正常情况下不是交际者主动要表达的。人们在说话时可能伴随的一些下意识的手势也属于此类。这类表情身势语言具有普遍性,世界各地的人们高兴、悲伤或惊叹的表情是共同的。还有一些身势语言符号性很强,具有明确的意义,是人们主动以此表达某种特定信息的。比如,点头表示肯定,摇头表示否定,挥手表示再见,鼓掌表示欢迎,等等。这些身势语言在世界上的不同地区有些是不同的,如我国境内的佤族人就用摇头表示同意,汉族传统习惯见面时拱手为礼,而不是握手。无论是自然流露的表情动作,还是具有符号性的身势语言,都难以独自传递复杂信息,只是帮助语言传递信息的辅助手段。

其次,还有一些借用其他物质载体的信息传递手段,比如,文字、旗语、信号灯、警铃、电报代码、数学符号、化学公式等等。在这类信息传递手段中,文字是最重要的。但相对于语言而言,文字是第二性的,是对语言的再编码系统。其他的信息传递手段或者是对语言或文字的再编码,或者是对某一很小的特定意义领域的编码,它们的使用范围都是有限的。

可见,语言是人类社会中最重要的信息传递手段,是维系社会存在的基本条件。

三、如何理解语言的人际互动功能?

人际互动功能是语言另一重要的社会功能。严格地说,语言在发挥人际互动功能时也是在传递信息,只是这种信息传递的不是说话者对现实世界的经验认识,而是说话者的一种主观态度。这种说话者的主观情感、意愿等的传达是一种特殊的信息传递,它传递的目的指向交际本身。这样语言就起着建立和保持交际者之间的某种社会关联的目的,也就是发挥着人际互动的功能。留心人们的日常对话,就会发现许多语言现象是为了使人际关系正常,交际渠道畅通而存在的。教材中对一些具体的例子做了分析论证。实际生活中这样的例子比比皆是。人在很多情况下是为了交际而交际。

需要注意的是,语言的人际互动功能绝不仅存在于某些特殊的交际场合。在各种语言表达中,都存在着说话者主观倾向性的表达,使受话者在接收到经验信息的同时也了解到说话者的主观判断、意愿和情感,这是语言表达与交流的重要特征。这一功能在语言形式结构上也有外在体现,成为语言学研究的重要课题之一。具体内容我们在后面章节的学习中会有所了解。

第二节 语言的思维功能

一、如何理解语言和思维的关系?

语言与思维的关系是一个复杂的问题,直接涉及语言和人类自身的关系。理解语言和思维的关系,先要理解思维这个概念。

思维在传统上属于哲学和逻辑学的范畴。哲学中把思维看作是人类对客观事物间接的、概括的反映。人的感觉器官对外在事物直接的感觉和知觉属于感性认识,还算不上思维。思维是理性的认识。思维以感觉器官的感觉和知觉为基础,同时借助一定的知识和经验,可以概括事物的本质和内在联系。逻辑学是对思维形式的研究,把概念、判断和推理看作思维的基本形式。

在哲学和逻辑研究中,思维是一个很抽象的概念。但是,随着现代科学研究的发展,人们已开始从实证科学的角度探索人类大脑中的这一神秘现象,让人对思维的性质有了更多的认识。现代心理学认为,思维是知识的认知、获取和运用的过程,是一个信息加工的过程。而认知神经科学的研究成果证明,思维作为人脑的活动,具有大脑神经生理的基础。

无论是传统的哲学、逻辑学对思维的研究,还是现代科学对思维的探索,语言都始终是不可或缺的要素。在传统哲学和逻辑学对思维的研究中,语言是一个窗口。研究者完全是凭借着语言来研究看不见的思维过程。思维的基本形式都要依靠语言。概念表达要依托词语,判断和推理要在话语中实现。即使使用像数学符号那样的表达形式,也是以语言为基础的。心理学则认为,客观的现实通过认知转化为主观化的信息必须有一套符号。符号是联系主观和客观的中介。符号可以有视觉形式、听觉形式等各种物质载体,但最基本最重要的符号是语言。语言符号帮助人达成对外界的认知,储存认知的成果,并且发展人的认知能力。认知神经科学则证明,大脑中有专门控制语言功能的区域,和人的抽象思维能力密切相关。

由此可见,语言和思维密不可分,语言的思维功能是语言的基本属性。

二、如何理解语言思维功能的生理基础?

大脑是人体最复杂的器官,是人的各种行为的指挥中枢,也是人类语言思维能力的生理基础。本小节对大脑基本构成和功能分区做一个简单介绍,目的是从神经认知科学的视角揭示语言和思维的内在联系。主要掌握以下两个方面:

1. 了解大脑的左右分工。人的大脑有左右两个半球,中间有脑桥连接。人在出生时没有左右大脑的分工,但随着年龄的增长和语言认知能力的成熟,大脑左右半球开始承担不同的支配行为的功能。这表现在左右大脑分别控制相对一半的身体行为,即右半边躯体的行为由左脑控制,左半边躯体的行为由右脑控制。此外,大脑左半球还控制着语言功能以及相关的计数、分类、推理等功能,掌管抽象的、概括的思维,而大脑右半球则在音乐等艺术感知、人的面貌识别、立体图形的识别、整体把握能力、内在想象力等方面起着主要作用,掌管不需要语言的感性直观思维。大体上,抽象思维能力和语言能力同受左脑控制。

2. 了解大脑的其他具体功能分区。大致分为躯体运动区、躯体感觉区、视区和听区,对称分布于大脑的左右两个半球。人类特有的语言功能区基本都在大脑的左半球。比较有名的是布洛卡(Broca)区和韦尼克(Wernicke)区。布洛卡区在大脑的左半球前部,如果受损会得失语症,丧失说话能力,存在句法表达障碍,不会使用单纯表达语法功能的成分,对句法结构的理解也出现困难。韦尼克区在大脑左半球的后部,如果受损会得感觉性失语症,可以听到别人的话,但不能理解,可以流利地说出句子,但句子的意义却是混乱的。

对于大脑功能分区的研究多基于对脑部受损伤的患者的临床观察。研究者透过损伤造成的行为能力缺失来判断脑部结构的功能分区。大体上,人脑的结构和功能之间存在一定的对应关系,但并不是绝对的,思维过程往往需要这些功能的综合运用。从对大脑功能分区的初步研究看,语言能力和思维能力的生理基础具有很大一致性。

三、如何从儿童语言习得过程理解语言和思维的关系?

儿童语言习得也称第一语言习得。与之相对的是指一个人掌握了母语之后,再学习其他的语言,这称为第二语言习得。与第二语言习得不同的是,第一语言习得与思维和认知的发展是同步的,因此成为我们了解语言和思维的关系的一个途径。这里主要从词汇和语法两方面来看儿童语言习得和思维发展的关系。

儿童学习词汇的过程是一个对外界的概念认知过程。对孩子来说,学会了一个词,也就认识了词的概念所反映的一类事物。儿童掌握一个词也是对事物从个别到一般的认识过程。孩子从一岁开始零星地掌握词汇。一开始对词所指代的事物的范围往往认识得很不准确,比如以为"猫"只是指自己家里那只小花猫,或者以为"猫"是所有毛茸茸的有四条腿的小动物,这时不能说孩子学会了"猫"这个词,也不能说掌握了"猫"的概念。当孩子真正掌握了"猫"这个词时,也就同时认识了"猫"所指代的动物和其他类动物的区别。可见孩子是通过词汇的掌握认识一类一类的事物。从一岁到六岁,孩子的词汇量会从0上升到2000以上,特别是在两岁以后,词汇量增加速度非常快。

儿童语法的掌握体现在语句的使用中。儿童一般经过独词句和双词句的阶段再逐渐掌握多层次结构的语句。独词句和双词句阶段孩子还不会使用形态、虚词等纯粹表语法功能的成分。但类似"狗叫"、"猫跳"之类的双词句中,已运用了不同词类的组合和结构关系。到进入复杂句式的运用阶段,孩子就已经掌握了语言的基本语法体系。语句的使用是儿童运用语言表达特定情境下的经验认知,对现实现象作出判断或推理。从独词句到双词句,再到复杂的句式结构的运用,掌握的语法形式越来越多了,对外在世界的各类现象之间的关系也有越来越多样的认识了,比如事物之间的空间关系、先后顺序、因果关联等等。语法的掌握过程也是儿童发展自己的思维能力的过程。

四、如何理解儿童语言习得和大脑分工的临界期(the critical period)?

儿童语言习得具有先天的生理基础,这就是大脑具有的机能。但是如果出生后没有处在正常的语言环境中,没有外在的社会条件,这种语言能力就不能得到开发,到大约12岁左右,这个潜能就消失了,以后再也无法像正常人那样运用语言,心智也不能得到正常发展。这个时间称为语言习得的临界期。

儿童语言习得的临界期和儿童成长过程中大脑左右分工的时间是一致的。如果五六岁前的孩子大脑的左半球受损,右半球还可以部分地代替左半球的功能。但是过了语言习得临界期的孩子,如果大脑左半球受到损害,丧失的语言能力就很难恢复了。这说明到语言习得的临界期时大脑左右半球分工也已经完成了。

还有研究表明,出生于聋哑父母家庭的孩子如果把手语作为"母语",那么手语习得的过程和正常孩子自然语言的习得过程类似,同样具有临界期。手语和自然语言一样也是一种思维表达的工具。作为母语的手语习得同样具有临界期,说明临界期与大脑的思维功能及生理机制的密切关联。

总之,儿童语言习得临界期的存在,既体现出语言能力具有先天的自然生理基础,同时也反映出具体的语言系统的社会属性,离开正常的语言社会,先天的语言潜能无法实现。

五、如何理解语言和思维的普遍性和特殊性?

从语言能力和思维能力的密切相关性及其生理基础,可以看出语言能力和思维能力是人类共有的能力,依托于共同的生理基础——大脑。但是,母语习得和大脑分工临界期的理论也说明了,这一人类共有的能力要在具体的社会环境中实现。离开正常的社会环境,这些潜能不能得到发挥,人无法学会说话,智识也不会得到开启和发展。

每个社会环境都具有特殊性,每个社会的语言结构形式也具有特殊性。世界上的语言有几千种,它们的外在形式结构都具有明显的差异。人的思维在很大程度上依托于语言,因此每一种语言都包含着一个认识客观世界的特殊方式,包含着一种独特的思维方式。

语言是一套对现实现象的符号编码。不同的语言对现实世界的编码方式有很大不同。这可以体现在语言的各个层面,比如,音义关联模式、词汇的概念分类、语句表达中必要的语法范畴等。不同语言间的种种差异充分体现出了不同的思维方式。

思维能力的普遍性和思维方式的特殊性,与语言的性质是密切相关的。人类语言能力基于共同的机制,那么在千差万别的具体语言结构中也一定隐含着共同的结构原理。语言既具有全人类的普遍性,也具有不同语言结构的特殊性,二者都是语言本质研究所不能忽略的。我们不能因为人类思维能力的共同性而忽视语言的多样性,也不能因为语言的多样性而断定各民族的思维能力有强弱之分。

练习与思考

一、填空

1. 语言的功能包括_____功能和_____功能。
2. 语言的社会功能包括_____功能和_____功能。
3. 在各种信息传递形式中,_____是第一性的、最基本的手段。
4. 人的大脑分左右两个半球,语言功能及计数、推理能力等由_____半球掌管,音乐感知、立体图形识别等能力由_____半球制约。
5. 儿童语言习得一般经过_____阶段和_____阶段,这是儿童学话的关键两步。

二、判断正误

1. 文字是建立在语言基础之上的再编码形式。
2. 当说话者陈述一个客观事实时,话语中不具有主观性。
3. 书刊上的话语不具有人际互动功能。

4. 抽象思维要以语言为形式依托。
5. 布洛卡区在大脑的右半球前部。
6. 聋哑人不会说话,所以不具有抽象思维的能力。
7. 不同语言结构的差异体现出思维方式的不同。
8. 汉语名词没有数的变化,所以汉语没有区别单数和多数的概念。

三、思考题
1. 为什么说语言是人类最重要的信息传递的手段?
2. 语言的人际互动功能表现在哪些方面?
3. 为什么说思维离不开语言?
4. 语言思维功能的生理基础是什么,有哪些体现?
5. 儿童语言习得的临界期指什么?临界期的存在说明语言的哪些特性?
6. 不同语言思维方式的特殊性体现在哪些方面?
7. 张三说,"我们先发明了电视,然后才给电视命名,所以思维不需要语言。"张三的错误在哪里?
8. 举例说明语言在社会生活中的作用。

第二章 语言是符号系统

内容提要

本章主要介绍语言的符号性质,说明符号的基本构成和属性,语言符号与心理认知、现实世界的关系,语言符号的基本性质和符号系统的特征,并从人类语言和其他动物的交际方式的本质区别论证使用语言符号是人类独有的能力。

教学目的

掌握语言的符号性质和基本特征,认识语言符号在心理认知中的作用,语言符号和现实世界的关系,了解人类语言和其他动物交际方式的根本区别。

重要名词概念

符号 自然征候 心理现实 客观现实 任意性 线条性 符号二层性 组合关系 聚合关系

教学建议

本章是对语言形式结构的基本性质以及结构方式的总体把握,是全书内容的理论基础和纲要。重点要阐明两点,一是语言的符号性质,一是语言符号的系统性。讲解语言的符号性时,侧重从符号的共性和语言符号的特殊性两方面说明,尤其要阐明语言符号在心理认知过程中的地位和作用,语言符号的意义和现实现象间的关系。讲解符号的系统性,重点要阐明语言系统的层级装置以及组合聚合两种关系在语言运作中的地位。这部分内容理论性较强,可适当增加例证以有助学生理解透彻。

教学重点与难点提示

第一节 语言的符号性质

一、如何理解语言和说话的关系?

要研究语言的性质,首先要明确什么是语言。之所以提出这样的问题,是因为"语言"这个研究对象和物理、化学等学科的研究对象不一样。我们每天都使用语言,但可以直接感知的只是语言现象,是语言的各种外在体现,而不是语言本身。说话就是语言的最直接的外在体现。我们可以通过认识语言和说话的关系来明确语言这个研究对象。

说话包含着说话的行为和说出的话,也就是说话的内容。前者是使用语言的行为,后者是使用语言的结果。无论是语言行为还是语言行为的结果,都是具体的语言现象,它们的数量是无穷尽的,它们的形式也是无限多样的。不过,虽然任何一个语言社会中说出的话都数量不可计数,可这些话语所使用的词汇材料和造句规则却是有限的。仔细分析观察到的语句就会发现,它们都是运用有限的造句规则和词汇材料组装起来的。而且,人们还可以运用这些规则和材料说出新的句子。这些隐含在众多具体话语背后的有限的结构规则和词汇材料构成了语言系统。掌握一种语言,就是掌握这个语言系统的基本材料和结构规则,而不是记住别人说过的成句成串的具体话语。研究语言也是为了揭示这个语言系统的性质。

语言和说话还有一个显著的不同。说话是每个说话者的行为。什么时候说话,说什么话,是说话者自由决定的。每个人都可以说出别人没有说过的具体句子,表达别人没有表达过的思想。但说话者说话时使用语言的规则却不是个人可以随便制订的,语言中的词汇材料个人也不能随意生造。语言系统是这个语言社会共同认可的,是一种社会规约,对每个说话者来说是必须遵循的。

总体上,语言和说话可以理解为一般和个别的关系。语言研究要探讨的是一般的语言形式结构,但是要认识一般的语言形式,必须通过个别的具体的语言现象。说话行为和说出的话是语言研究面对的具体材料。通过对这些材料观察分析研究,达到对一般的语言结构的认识。

二、如何认识语言的符号性?

1. 符号的构成和基本性质是什么?

符号是用来表示某种意义的标记,包含形式和意义两个方面。符号的形式依托于人的感官可以感知的物质现象而存在。根据可依托的物质现象的属性,可以把符号分为:

(1) 视觉符号,如信号灯、旗语;

(2) 听觉符号,如上课铃、发令枪声;

(3) 触觉符号,如盲文。

三种符号中视觉符号和听觉符号应用比较多。

形式和意义作为符号的构成要素是不可分的。这里要区分形式和物质材料两个不同的概念。符号中与意义相联的是形式,不是具体的物质材料。同一符号形式可以体现为具有某种共性特征的不同的具体物质材料。物质材料是可以独立存在的,只有作为符号形式的体现时,才有意义,否则没有意义。反过来说,没有意义,物质材料照样存在,但没有意义就根本谈不上符号的形式。比如,路上汽车的喇叭声是一种听觉符号,它的意义是提醒路上的行人和其他车辆注意有汽车过来。喇叭声是一种物质音响,是通过汽车内的装置发出的。走在路上,听到汽车喇叭声,便知道在提示有车过来了,这个喇叭声是符号形式的体现。不管是在哪条大街上,是哪一辆行驶的汽车发出的喇叭声,都具有同样的意义,因为它们是同一个符号形式的不同物质体现。但如果购买车辆时为了测试性能按按喇叭,发出同样的音响,却没有提示有车辆过来的意思,这时的喇叭声不是符号形式的体现,而只是单纯的物质音响。

区分了符号的形式和作为形式体现的物质材料两个层次,就容易理解符号的一般性了。符号的形式和意义都是一般性的,但符号的使用是具体的。每一次符号的运用都是依托某一具体的物质材料,同时符号的意义也是和具体的情境结合在一起的,具有特殊性。

符号的形式和意义之间没有本质上的、自然属性上的必然联系。这是符号的一个重要的基本性质。在这一点上,符号和隐含某种信息的自然的征候不同。

征候是事物本身的特征,它传递的某种信息,可以通过它自身的物质属性来推断。例如,路上的行人听到身后有汽车行驶的声音,同样可以知道有汽车过来了。但汽车行驶的声音不同于汽车喇叭声,它不是符号。汽车行驶时由于发动机转动以及车轮在路面的摩擦等自然会发出音响,是汽车行驶本身具有的外在物质表现,是汽车要开过来的征候。

符号的产生,符号形式和意义的关联源于符号使用者的约定,这使符号具有社会属性。同样作为上课的铃声,有的学校用电铃,有的学校用手摇铃,有的学校用音乐铃,形式各不相同,但意义是一样的。不同的学校有不同的约定。

2. 如何理解语言符号与现实现象的关系?

语言是所有符号中最重要的也是最复杂的符号。认识语言符号的性质不仅要了解语言形式和意义的关联,还要了解语言符号和现实现象的关联。

这是因为,语言符号不仅像前面所举的各种符号一样可以传递信息,而且还有一个和一般的符号根本不同的特质,那就是,语言符号是抽象思维的工具,是人类认识摹写这个世界的基本手段。我们从语言符号和现实现象的联系可以更深入地认识语言符号的思维功能。

思维功能是语言的基本功能之一。语言符号承载着人类对客观现实的认知成果,同时也是新的认知的基础。我们要通过了解这个认知过程来认识语言符号和现实现象的联系。

现实现象可分为客观现实和心理现实,二者并不完全一致。客观现实现象是外在于人的客观存在,人通过感觉器官感知客观现实现象并在大脑中经过脑神经的综合处理转化为心理现实。由于感觉器官等自身的局限,人并不能感知把握全部的客观现实。同时虽然心理现实中的主体是源于人对客观现实的认识,但其中也有超越客观现实的部分,如幻想、神话等等都不属于对外在的客观现实的认知。

语言符号的产生是基于对心理现实的编码。通过对心理现实进行离散化的分类概括,人创造出各种概念范畴,并赋予其语音形式,于是语言符号产生了。这个符号化的过程有两个方面,一是形成各种概念范畴,一是使这些概念与语音形式相联。两个方面都是在特定社会中实现的,语言符号对现实的类分,以及符号音与义的关系,都是社会约定的。因此,虽然能够运用符号是人类普遍具有的能力,但具体的语言符号在不同的社会各不相同。

语言符号的产生对人的认知能力和心理现实的状态有极大的改变。语言符号固化了已有的认知成果,提高了人类的思维能力和认识客观现实的能力,使更多的客观现实现象得到认知,转化为心理现实。语言符号的产生还扩大了心理现实的来源,人们可以利用语言从他人那里接收间接的经验。这些都丰富了人的心理现实世界。

第二节 语言符号的系统性

一、如何理解语言符号的任意性和线条性?

语言符号的任意性和线条性是语言符号的两条基本原则。要真正理解这两条原则的内涵,需要从系统性的角度来看语言符号的特点。我们分别加以说明。

1. 任意性是指语言符号的语音形式和意义之间没有自然属性上的必

然的联系，它们之间的关系是社会约定的。语言符号的这一性质和符号的一般属性基本是一致的。不同的语言或方言指代相同的现象时，符号的意义大致相同，但其语音形式却有很大不同。这说明语言中的语音形式和意义之间没有自然的联系。语言在历史上的语音演变更直接地证明了某个意义并不是一定要和某个语音形式对应，音义之间没有固定不变的必然的联系。

不过语言符号的任意性与一般简单的符号的任意性又有所不同。一个学校上课的铃声可以由电铃变成音乐铃或敲钟，只要约定好丝毫不会影响它的功能。但是语言中的语音形式虽然和意义之间也是任意的，但不能随意改变。这是因为，语言符号不是单个的符号，而是全社会人群每天都在使用的复杂的符号系统。由于系统的制约，单个语言符号的形式和意义的关联，在很大程度受制于它所从属的符号系统，取决于它在系统中的位置。比如汉语的单个语言符号语音形式受制于汉语的语音结构，基本都是由一个音节承担，英语的单个语言符号形式受制于英语的语音结构，可以是一个音节，也可以是两个或三个甚至不足一个音节。语音形式在历史上的演变也会受制于系统，任何一个语言符号其语音形式的变化都不是孤立的，都与符号在系统中的地位相关。又由于语言符号是全社会每天都在使用的，所以不仅个人不能随意改变语音形式和意义的联系，即使是社会也不能像改变其他社会规约那样轻易改变语言符号。语言符号的音义关联是任意的，无所谓对错，也没有主动改变的必要。因此，语音形式的历史演变也是不自觉的，非常缓慢的。

总之，语言符号的任意性和语言符号的系统性密切相关。孤立地看单个语言符号的音义关系，它们之间是任意的，没有自然属性上的必然的联系。研究语言的音义关系，或者说符号的形式与意义的联系，要从符号系统着眼。单个符号的语音形式和意义蕴涵都受系统的制约。我们在后面章节的学习中会有更深的体会。

2. 线条性更直接地与语言符号的系统性相关。任何一个语言符号都是符号系统中的成员。在语言运用中，一般的情况都不是单独使用一个符号，而是要多个符号配合在一起，完成意义的表达。宽泛地说，语言符号的线条性是指语言符号在使用中是以符号序列的方式出现，符号只能一个跟着一个依次出现，在时间的线条上绵延。显然，这是由于语言符号的形式是语音，依托于物质的音响。语音形式只能在时间中存在，我们只能从语音线性分节上区分不同的符号形式，不能叠加在一起。所以，严格地说,语言符号的线条性是指符号的语音形式是在时间上展开,具有一维性,它导致符号组合也是体现为线性的组合,符号依次出现形成线性序列。语言符号的线条性在很大程度上制约着多个语言符号的组合方式。具体符号的线性组合是语言的外在体现形式,是语言单位切分和结构分析的基础。

二、如何理解语言符号的层级体系?

1. 基于线条性的符号层级

从语言符号的线条性我们已经了解到,语言符号的运用依靠的是多个符号单位的线性组合。要了解组合的整个符号序列的意义,不仅要了解单个符号的音义关系,还要了解符号序列中符号之间的关系以及单个符号和符号序列整体的关系。线条性使符号序列表现为符号一个接着一个的顺序,但符号之间的结构关系并不是按照线性次序一个接一个在一个层面上构成的,而是小的符号单位组合构成较大的结构单位,大的结构单位还可以构成更大的单位,直至完整的语句的构成。这样形成了语言符号系统中大大小小不同层级的单位。

一般把音义结合的最小的符号单位称为语素,把能在话语中按句法规则自由运用的最基本的符号单位称为词。有些词是由单个语素构成的,如汉语的"水",是一个语素,也是一个词;有些词是由两个或两个以上的语素构成的,如"群众"是一个词两个语素,"图书馆"是一个词三个语素。词可以构成更大的结构单位词组。词组还可以构成更大的词组。最后组成句子。比如下例:

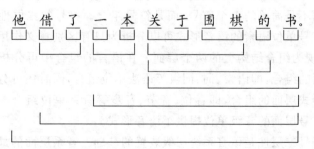

从图中可以看出这个句子是如何由单个符号单位组合构成的。句子里除"围棋"和"关于"是两个语素构成的词外,其他词都是单个语素直接成为词。词再构成词组,如"关于"和"围棋"构成一个词组,"关于围棋"又和"的"组合构成一个更大的词组,这个词组再和"书"发生结构关系。整个句子是通过不同层面的结构单位构造出来的,而不是直接按先后次序组合的。比如语素"于"和语素"围"是相邻的符号,但二者之间没有直接的结构关系。"本"和"关于"是相邻的两个词,它们之间也没有直接的结构关系。结构关系是在不同层级的结构单位之间发生的。这些结构单位分别是语素、词、词组和句子,形成语言符号单位的层级。

语言符号单位层级中,低一层的单位比高一层的单位少得多,高一层的单位都是低一层单位按照一定的规则组合而成的。这是整个装置的奥妙所在。语言中的语素有几千个,但词有数以万计,词组和句子则是无穷的。由此,语言符号系统体现出巨大的使用效能。

2. 语言系统的二层性

从符号编码的一般性质看,符号的二层性是指一个符号的形式是由若干成分构成,这些成分本身没有意义。二层性会极大增强符号的效能。比如,用红、黄、蓝三种颜色的灯表达意义,如果是每种意义用一盏灯表示,符号的形式是不可分解的,那么最多只可以表示三种意义。交通信号灯就是这样。这样的符号不具有二层性。但是如果规定用两盏灯排列组合在一起表达意义,颜色可重复,那么总共就可以有 3^2 种可区别的形式,可以表达 9 种意义;如果规定用三盏灯排列表示意义,颜色可重复,就可以有 3^3 种可区别的形式,可以表达 27 种意义了。在用两盏灯或三盏灯表达意义时,每一盏灯是没有意义的形式构成成分。这两种情况下的符号是具有二层性的符号。可见,具有二层性的符号,只要用较少数目的成分单位就可构成很多的符号的形式。

语言符号的二层性具有更复杂的内容。由于语言符号的系统性,语言符号的运用不是简单的单个符号,而是符号组合。符号的二层性不仅体现于最小的符号单位语素的语音形式可以分析为只有区别意义作用的语音成分,而且表现为组合结构上的两个层面。在语言的组合中可分析为有意义的符号层面的组合,即语素、词、词组等语法单位组合,同时还可分析为无意义的语音形式层面的组合,即音位、音节、音步等音系单位组合。音系单位的组合为符号层面的各级单位提供了语音形式。

语言符号二层性是语言系统层级装置的基础。音系层面的最小单位数目远远低于符号层的最小单位数目。一个语言系统中音系层面的最小单位音位一般只有几十个,但这几十个音位经过有选择的排列组合,就可以形成几百万种以上的有区别的形式,承担几千个语素的表达实在是绰绰有余了。事实上,每一种语言的符号形式对音位的配列都有限制,形成不同语言音系层面与语法层面之间不同的关联模式。

总之,语言符号的二层性是语言符号系统的重要特征,也是我们了解语言符号层级体系构成的重要方面。

三、如何理解组合关系和聚合关系?

语言是一个由众多的语言符号构成的分层装置的符号系统。要认识这个系统,不仅要了解每个符号的形式和意义,还要了解符号之间的结构关系。组合关系和聚合关系就是语言系统中最基本的结构关系,是各个层面各种结构规则的基础。语言系统中的单位都处在这两种基本的结构关系中。

组合关系是以语言符号的线条性为基础的。我们已经了解到,在语言的线性组合中有不同层级的结构单位,小的符号单位逐级构成大的结构单位,直至完整的句子。小的符号单位组合成大的符号单位,并不是形式和意义的简单相加,还增加了结构意义,由此形成了新的结构单位的整体意义。比如,"吃苹果"是两个词构成的一个结构,它的意义不是"吃"这个表达行为的概念和"苹果"这个表达事物的概念加在一起,而是综合表达一个行为,"苹果"是这个行为中的一个角色,是行为的对象,这就包含着"苹果"和"吃"两个符号间的关系,这就是结构意义。结构意义是由组合关系带来的。处于高一级结构中的各个符号间的关系就是组合关系。

现实的语言运用离不开符号的组合,也少不了组合关系。组合关系存在于每一个具体的语言结构中。但是,在具体的语言结构中存在的组合关系却具有一般性。比如,"吃苹果"中"吃"和"苹果"的结构关系,同样存在于"买苹果"中的"买"和"苹果"之间,"削苹果"中的"削"和"苹果"之间,以及"买报纸"中的"买"和"报纸"之间。这说明存在于具体语言结构中的组合关系是有一般规则的,要揭示组合关系的规则,还需要了解与之相依的聚合关系。

聚合关系是语言结构单位间的另一重要关系。简单地说,它是语言单位的一种分类关系。同一类语言单位属于同一个聚合群,它们之间的关系就是聚合关系。分类可以有不同的标准,按不同的标准会归纳出不同的类别。按词的发音形式特征、意义特征、构词成分或组合功能都可归出不同的聚合。我们通常说的同音词、同义词、各种词类等等,都是语言单位的聚合。语言单位的聚合关系使语言单位系统化条理化,数量庞大的语言符号分别属于有限的聚合类。每一个语言符号单位都不是孤立的存在,而是分属于系统中某类聚合群中的单位。语言符号的各种聚合关系虽然不像组合关系那样表现在具体话语中，但潜在地存在于语言社会每一个成员的头脑中。正是因为说话者掌握了语言的分类系统，才能在说话时从众多的符号单位中自如地选择合适的符号单位，构成组合结构。

聚合分类是线性组合实现的基础。例如，我们可以用"报"、"小说"、"信"等替换"读书"中的"书"，构成"读报"、"读小说"、"读信"，也可以用"买"、"看"、"拿"替换"读书"中的"读"，构成"买书"、"看书"、"拿书"。这首先说明"读书"可以切分为"读"和"书"两个单位。符号单位替换后整体结构关系并不改变。"读书"中"读"和"书"间的组合关系同样存在于"看书"、"买报"、"拿信"等结构中。这说明这种组合关系是存在于两类单位的组合中。"读"、"买"、"看"、"拿"属于一个聚合群，暂时称为 A 类聚合，"书"、"报"、"小说"、"信"属于一个聚合群，可称为 B 类聚合，同类聚合的成员可以互相替换，出现在同样的组合位置上。这种一般性的组合关系可以表述为"A＋B"的组合。可见结构组合规则的基础是聚合分类。

组合关系和聚合关系是相互依存的关系。聚合关系潜在于系统，组合关系实现于话语，二者犹如纵横两轴，语言符号单位都处在这两个轴向形成的坐标上，既属于聚合群的成员，同时也是某个组合轴线上的单位。组合关系和聚合关系是我们把握语言各个层面结构运作的总纲。

第三节 语言符号是人类特有的

本节主要从人类语言同所谓动物"语言"的区别上进一步说明语言符号系统的性质特点。人类语言符号的性质特征和语言的基本功能是密切相关的。前面谈到，语言的基本功能是社会功能和思维功能。一方面语言能力是人类特有的天赋能力，有生物遗传的生理基础，另一方面语言现象是社会现象，离开正常的社会环境，人是无法掌握语言的。与其他动物语言相比较，语言符号具有的各种性质特征也体现了语言这两个方面的属性。

人类语言同其他动物语言相比具有任意性和传授性，这是人类语言符号的社会属性在符号特征上的表现。任意性是符号的一般特性，也是语言符号的最重要的性质。语言符号形式和意义之间的对应不是靠自然属性上的联系，而是靠社会约定，不同社会使用不同的语言。符号形式和意义之间的社会约定关系必须要靠后天学习才能掌握。人类要掌握语言，必须生活在正常的社会环境中；在不同的语言社会，就掌握不同的语言。所以具有任意性的人类语言同时具有传授性。在动物"语言"中有些会存在一点任意性和传授性,说明一些动物"语言"具有一定的社会性。但人类语言相比,大多数动物语言没有任意性或任意性程度很低。正因为如此,它们具有的传递信息的手段多是与生俱来的本能,后天学习的成分很低。这些都说明动物"语言"的符号性很弱,社会属性很低。

人类语言还具有单位明晰性、结构二层性和能产性,并且在使用中不受时间、地点环境的限制,符号的这些性质都是以人类特有的语言能力为基础的。基于线性的人类语言符号可以分为清晰的单位,并且具有符号层和音系层两层结构,每个符号的语音形式还可以分析为更小的成分,自由拆卸组装,构成许许多多的结构单位。由此人类语言可以运用有限的材料和规则创造出无穷多的句子,体现出能产性。可见人类语言符号是复杂和精巧的系统。人类能够拥有和使用这样复杂的符号系统,在于人先天具有的语言能力和思维能力。人类语言内容可以超越时空,谈古论今,不受时间地点环境限制,也在于此。人发达的大脑是语言能力和思维能力的生理基础,这是其他动物种类都不具备的。动物传递信息的手段往往是囫囵一团的,没有可分析替换的单位,更谈不上二层性。动物在向群体中的其他成员传递信息时只能基于当时的情境,比如长臂猿只有在身处险境时,才能发出警示有威胁的叫声。这些所谓动物"语言"的存在多基于动物生存或繁衍的本能,只能承载有限而固定的信息。不仅动物自身没有形成像人类语言那么复杂的符号系统,即使对动物做专门的培训,也不能使它们掌握人类复杂的语言符号。这都是由于其他动物不具备像人类那样聪明的大脑,不具备使用复杂符号思维的能力。

人类语言符号的性质基于人类特有的语言能力。

练习与思考

一、填空

1. 说出的话语句子是无限的,但无限多的句子都是由有限的_____和_____组装起来的。
2. 符号包含_____和_____两个方面,二者不可分离。
3. 语言符号的意义是对它所指代的一类_____的概括。
4. 我们是通过_____认识到"孔子是中国古代的思想家"这个_____的。
5. 语言的表达是对心理现实的_____。

6. 心理现实是存在于_____和_____之间的人脑中的信息存在状态。

7. 语言符号的_____和_____,是语言符号的基本性质。

8. 语言系统二层性的一大特点是_____层的最小单位一定大大少于_____层的最小单位。

9. _____和_____是语言系统中的两种根本关系。

10. 动物无法掌握人类的语言,从生理基础看是不具有_____和_____。

二、判断正误

1. 一种语言可说出的句子是无限的。
2. 语言是一种社会规约,所以每个人说话是不自由的。
3. 符号的形式和意义都具有一般性。
4. 语言是丰富人的心理现实的重要途径。
5. 心理现实是对客观现实的认知,与客观现实是等同的。
6. 语言符号形式与意义的关联很大程度上受制于它所属的符号系统。
7. 现实中的句子是无穷的,所以组合关系也是无限的。
8. 音位和音位组合构成语素。
9. 句子是比词组高一层级的符号单位,所以句子的长度一定大于词组。
10. "飞鸟"和"小鸟"具有同样的组合关系。

三、思考题

1. 听到一个熟人在说话,就能判断出是谁在说话,这个过程是语言符号在传递信息吗?为什么?
2. 语言符号如何增进人的认识客观现实的能力?
3. 什么是语言符号的任意性?表现在哪些方面?
4. 如何理解语言符号的线条性和符号系统的关系?
5. 说明"张三""李四""请""周日""春游"可以构成哪些句子,从符号的系统性说明为什么同样的语言符号单位可以构成不同的话语,表达不同的意思?
6. 举例说明什么是语言符号的聚合关系,为什么说符号的聚合和组合是相互依存的?
7. 汉字是否是具有二层性的符号,为什么?

第三章　语音和音系

内容提要

本章教授语言这一两层符号系统中的第一层——语音系统的结构组织及表现形式。包括从物理、生理的角度来看语音的自然属性；从区分语言单位的角度来看语音的社会属性；可用来记录所有语言语音的记音符号——国际音标及国际音标发音原理；承载语音社会属性的、语音系统的最小线性单位——音位是如何得出的，语音层面上大大小小的单位层级。

教学目的和要求

明确认识语音自然属性与社会属性的本质区别和相互联系，音素和音位的本质区别和联系；初步掌握人类发音、准确掌握普通话发音的基本原理和常用国际音标；初步掌握确定一种语言音位的方法；了解区别特征在音系中的作用和"音位—音节—音步"等大小不同音系单位及组织方式。

重要名词概念

语音四要素　音质/超音质　元音和辅音　发音部位和发音方法　国际音标　音素和音位　对立和互补　音位变体　区别特征　音节结构　语流音变

教学建议

本章涉及的名词概念较多，要注意以语音的自然属性与社会属性的区别和语音组合聚合格局的系统性为纲统领各个小节的内容。对这些重点问题一定要从多个角度反复说明，务必使学生真正理解。

第三节的实践性较强，应把重点放在发音原理的掌握上，同时必须要通过课堂上听音发音的实际练习，使学生初步掌握常用音素的发音。练习过程中结合介绍单个音在发音机制中的系统地位，启发学生认识发音原理对发音实践的实际帮助。国际音标的发音练习可到 http://www.sil.org/computing/ipahelp/ipahelp_download.htm（语言学国际暑期学院网页）下载免费有声软件。

教学重点与难点提示

第一节 语音和音系的区别与联系

一、为什么要区分语音学和音系学？

本章的题目由"语音"改为"语音和音系"，是本次修订版重要的改动之一。从术语上和研究内容上明确区分了语音学(phonetics)和音系学(phonology)两个分支学科。教员对于这一改动的重要性一定要有充分的认识，在教学上应该做出相应的改动。

区分语音学和音系学，与区分语音的自然属性和社会属性是密切相关的。

语音学研究的对象是语音的自然属性方面，主要包括语音的声学属性（物理方面）和发音学（生理方面）属性。本章的第二、三节就分别是声学、发音两个方面的语音知识。语音的自然属性是针对所有人类语言的，语音在某一种语言中的作用不是语音学主要关注的对象。

音系学研究语音在某一具体语言中是如何作为语言符号的形式的。自然属性相同的语音在不同的语言符号系统中的作用不同，音系学关注的是语音在具体语言中的作用。

区分语音学和音系学，区分语音的自然属性和社会属性，是语言学成为一门独立学科的重要原因，是贯穿本章的总纲，有重要的理论意义。

二、音素和音位的区别与联系

音素和音位的完整定义是：

音素是人类语言从音质角度切分的最小的线性语音单位。

音位是一个具体语言（或方言）中有区别词的语音形式功能的最小的线性语音单位。

音素是从语音的自然属性出发定义的，是针对所有人类语言的，是仅依据音质区别而得出的。

音位是从语音的社会属性出发定义的，是针对某一种具体语言的，是仅依据有无区别该语言中词的语音形式之功能（进而也区分了字词的意义）而得出的，它可以是音质上有区别，也可以是音高（如汉语的声调）、音强（如英语的词重音）、音长（如维吾尔语的长短元音）有区别。区别词的语音形式也可以粗略地说成"区分意义"。

音素和音位的共同点,都是最小的线性单元。音素或音位都还可以切分为更小的语音特征或区别特征,但语音特征或区别特征组成音素或音位并不是按时间的次序先后出现的线性组合,比如[m]这个音素的双唇、鼻音等特征是在同一时间使用的。所以,语音的最小线性单位是音素,音系的最小线性单位是音位,"线性"二字是不可少的。

音位与音素的联系还有:(1) 在音流某个位置上出现的音位一定有其自然属性,体现为某个音素。(2) 音位是对具体语言中起相同作用的若干音素的抽象。也即,一个音位可能包括几个不同的音素,它们在音流的不同位置上出现。具体可参见"音位变体"的定义。

要注意的是,本章第一节引出"音素"、"音位"这一对概念时,音质、区别特征、区分字词的语音形式等重要概念尚未介绍,因此第一节仅着重强调了三点:(1) 音素和音位都是语音线性切分的最小单位;(2) 音素基于语音的自然属性,音位基于语音的社会属性;(3) 音素包括了所有人类语言能够区分的音,音位只包括了某一种语言必须要区分的音。

有了以上三点就引出了国际音标、语音的声学属性和生理属性的基础。但一定要对学生说明,音素、音位的完整的定义要在第四节中才能给出。

三、国际音标与汉语拼音的区别

国际音标是为所有人类语言的语音而设计的标音系统,汉语拼音是专为汉语普通话设计的标音系统。国际音标需要区分的音比汉语拼音要多得多,音标符号也就多得多。

学习国际音标要特别注意几点:

1. 将国际音标与汉语拼音的字母区分开来:(1) 汉语拼音的每个字母有大写、小写、手写体、印刷体等不同形体;而国际音标的每个字母只有一种形体,同一拉丁字母的不同形体是不同的音标,代表不同的音素,例如国际音标[ɑ]和[a]表示的是不同的音。(2) 汉语拼音与国际音标形体相同的字母可能代表不同的音,反过来,相同的音在汉语拼音和国际音标中可能用不同的字母表示。比如,汉语拼音的 b d g,国际音标是[p t k],汉语拼音的 p t k,国际音标是[p^h t^h k^h]。

为了与一般字母相区别,一般情况下国际音标要放在方括号[ ]或双斜线//里。

教员要特别注意的是,送气符号原来也写做左半的单引号',但多年前国际语音学会就已经明确规定送气符号一律用ʰ了。

2. 国际音标记录语音有宽式和严式的区别。粗略地说,宽式标音是一种比较概括的标音,又叫作"音位标音",与区别意义无关的发音差别可以不必记录。严式标音又叫作音素标音,它需要尽量详尽地记录所有的发音差别。音位标音放在双斜线中,音素标音放在方括号中。比如,普通话的"挡",国际音标的音位标音为/taŋ/,音素标音为[tɑŋ]。标音的宽严并不是绝对两分的,比如普通话的严式标音可以只严到音素符号,也可以更加严格地在音素符号上再加舌位偏上、偏下、偏圆、偏展等附加符。

第二节 从声学看语音

一、语音四要素

语音四要素指音高、音强、音长、音质。从声学的角度粗略地说,音高主要取决于声波基频频率的快慢(也即单位时间内振动周期的多少),音强主要取决于声波振幅的大小,音长主要取决于声波持续的时间,音质则取决于声波中陪音的数量、频率和强度。

要注意的是语音四要素不仅跟声学有关,也与人的感知、人的生理发音有关。课本明确指出音高、音强是与声学属性相关的感知范畴,背后的意思是这些声学属性与人的感知并不完全是一回事。比如音高主要决定于基频频率,但也与音强有一定的关系;并且,即使在音强一致的情况下,基频的高低(以赫兹为度量单位)与人们所感知的音高差(比如音乐的音阶,以"美(mel)"为度量单位)也并非直接对应的线性函数关系。

从声学上准确地定义语音四要素需要较多的物理学知识。对于一般文科院校来说,建议从声学角度只教授修订版给出的粗略定义,这些粗略定义是经过语音学专家多次精心修改的。文科学生主要是要求掌握发音学方面的定义,即:音高主要取决于发音体(声带)的振动频率,与声带的长短、薄厚等因素相关;音强主要取决于发音时的用力的大小;音长主要取决于发音持续的时间;音质主要取决于声道共鸣腔的形状和气流通过的方式。对语音四要素的声学属性有兴趣的老师和同学,建议阅读《实验语音学概要》(吴宗济、林茂灿主编,高等教育出版社,1989)。

二、什么是共振峰？共振峰和音质是什么关系？

人们说话发出的元音，是声带振动并引发口腔、鼻腔等多个器官共振的结果。声带本身不是像音叉那样由同一种物质成分、均匀的外形构成，因此声带周期性振动产生的是由若干个有规则性联系的频率组成的乐音性复合波。复合波中频率最低的那个波叫作基音，其频率叫作基频，它也是整个复合波的频率，用 F0 表示。复合波除基音外还有许多陪音，表现为除基频外范围很宽的许多附带的频率成分。这些频率成分大部分被器官形成的共鸣腔所抑制或吸收，有一些则得到共鸣而加强，其中个别的还得到特别强化。这些被特别强化的频率（陪音）在语音分析中叫共振峰，根据频率从低到高的次序分别用用 F1、F2、F3……表示，其中最重要的是前三个。发元音时共鸣腔因唇舌腭等器官的相对位置不同而有各种不同形状，被特别强化的频率 F1、F2、F3 等也因之而各不相同。

总之，元音的音高主要由基频决定，它也等于声带整体的振动频率（F0）；元音的音质主要由共振峰决定，它取决于因唇舌腭等器官的相对位置不同而形成声道形状的不同。要特别说明的是，发耳语音时声带不振动，没有 F0，但人们仍然能感知到音高的区别，比如普通话"妈"和"骂"的不同，这是因为音强（振幅）也对音高的感知起一定的作用。

辅音则总是含有无穷多个没有规则性联系的频率，属于全噪音或部分噪音。辅音音质在频谱上表现为强频的时间长度、密集程度、位置以及与后面元音交接处的音轨形状。这些声学特征与发音时气流的方向、声带声门的状态和气流受阻位置、受阻方式、解除阻碍的方式、是否经过鼻腔等因素相关。

第三节 从发音生理看语音

一、新版修订内容详解

根据国际语音学界和音系学界研究的进展和目前国际学界通用的术语，修订本做了如下主要改动：

1. "发音部位"再区分为主动发音器官和被动发音部位。无论西方还是东方，传统上对辅音发音生理的分析都是分为发音部位和发音方法两大类。但对舌齿发音部位的称呼，西方大多采用被动发音部位来命名，而汉语学界大多采用主动发音部位来命名。比如擦音 s 的发音部位，国际语音学会的命名直译过来是"齿龈(alveolar)",而汉语学界的命名是"舌尖前"。1985年之后国际语音学和音系学界进一步区分了主动发音器官和被动发音部位的不同,主动发音器官只有喉(laryngeal)、软腭(velar)、舌根(tongue root)、舌面(dosal,也称舌体、舌背)、舌冠(coronal,包括舌尖和舌叶)、唇(labial)六个,它们受控于不同的肌肉群,可以在同一时间共同动作,比如 ū 就是一个使用了喉(声带振动)、舌面(后段抬高)、软腭(下降而放开鼻腔通道)、唇(圆撮)四个主动发音器官的复合动作。而被动发音部位则无法在同一时间选择多个,比如舌尖放在牙齿的背后就无法同时放在硬腭。普通话的 s 和 ṣ 从主动发音部位来说其实用的都是舌尖,只是 s 是把舌尖放在齿龈桥的前面,而 ṣ 是把舌尖放在齿龈桥的后面,两者是被动发音部位的不同。为了更合音理地描写辅音,我们按照1985年以后国际学界的新进展,换用了区分主动发音部位和被动发音部位的描写方案。对于学生,直接教授新方案即可,老师则应该了解新旧两种版本及其更换的原因,具体可参考王洪君《汉语非线性音系学》(北京大学出版社,2008)第八章。

2. "舌根"部位改为"舌面后","舌根"另做他用。普通话声母 g k h[k kʰ x]的发音部位,汉语学界有"舌根""舌面后"两种命名,修订本换用了后一种命名。这是因为,国际语音学界通过与生理学界的合作已经搞清,该主动发音位置与舌面前和舌面中受控于同一肌肉群,称作"舌面后(dorsal[+后])"更加合理。并且,不少语言运用另一肌肉群控制舌头尽根处带动舌头全体向咽腔的移动,产生元音松紧等的对立,这一对立所使用的舌头尽根处被命名为"舌根"(tongue root)。

3. 区分"塞"(stop)与"爆"(plosion,也称"爆发音"、"爆破音")。严格说来,"塞"与"爆"并不是完全同义的术语。"塞"是指成阻时完全堵塞气流,形成很强的口腔气压;"爆"则是指除阻时突然解除阻塞。据研究,鼻辅音在做声母时一般是塞音,做韵尾时一般是持续音,但两种位置上的鼻音都不是爆音。国际音标表上的[p t k b d g]等音,英文用 plosion 命名,对应的中译应该是"爆",这样可以更好地排除鼻音有时也是塞音的情况。但考虑到国内学界多年的习惯,考虑到 ts 中的[t]和汉语方言韵尾位置上的[p t k]均为无爆塞音(没有除阻阶段),考虑到"塞音"与"塞擦音"在命名上的和谐,修订版的国际音标表中对[p t k b d g]发音方法的命名仍然沿用"塞",而在具体讲解辅音发音音理的正文中说明"塞"与"爆"的区别。

4. 闪音(flap)/搭音(tap)。闪音和搭音原来均称为"闪音",发音方法均是由舌尖等柔软的发音器官有弹力地、一次性迅速堵住并迅速打开。近几十年国际语音学界从闪音中另立出搭音,但由于它们听感差异很小,没有区别意义的功能,所以相同发音部位的搭音和闪音的音标符号相同。两者发音方法的差异在于,搭音是像发塞音那样垂直向地"搭"向被动发音部位,再急速离开;比如美国英语自然口语中弱读音节中的字母 t 发成搭音(wat[ɾ]er,that's bett[ɾ]er,see you latt[ɾ]er)。闪音则是主动发音器官是沿着与被动发音器官外沿相切的轨迹(与硬腭接近平行的方向)快速闪动一次。至于英语重读音节起首位置的 r,则属于近音,记做[ɹ]。

5. 近音(approximant,原译"通音")。approximant 的一般词汇义是"相近的,接近的",语音学中则指两发音器官位置十分接近留有很小缝隙的状态下发出的音。它们的摩擦成分比擦音小,比元音多。汉语学界原来通常译为"通音"。"通音"反映了这些辅音具有空气在声道中所遇阻碍很小的特点,但无法排除发音气流受阻更小的元音。"近音"是直译,能够更好地反映这一类音的气流阻碍既不同于典型的辅音,也不同于典型的元音的特点。

另外一个明显改动是,除颤音和闪/搭音外,不少 r 类音归入了与半元音放在一行的近音,形式上用倒写的 r 及其变形来表示,比如舌冠部位的 ɹ 和卷舌的 ɻ。r 类音音标符号的增多是近几十年来国际语音学会对辅音音标表的主要改动之一,这主要是因为随着语言学家调查了越来越多的语言,r 类音不同的发音特点及其在各自语言系统中的不同地位也被揭示出来。

归入近音的 r 类音在发音方法上与颤、闪、搭或浊擦音都不相同:与颤、闪、搭的不同是,近音并不是快速堵住发音通道再快速打开,而是像浊擦音一样在发音通道中较长时间地保持小的通道供气流持续通过。与浊擦音的不同是,近音所留出的气流通道更大,因而摩擦程度较浊擦音小而与半元音相同。

关于 r 类近音的系统地位,下面将结合汉语做出说明。

6. 汉语拼音字母 r 在普通话中的音值,修订版改为近音[ɻ]。原版对汉语拼音 r 的标音是[ʐ],它是与 sh[ʂ]发音部位相同、摩擦程度也相同、只有清浊不同的浊擦音;ɻ 则是与 sh[ʂ]发音部位相同的近音。亦即,我们认为汉语的 r 应该是近音,其辅音性与半元音 j、w、ʋ 和边音 l 相当,并不是浊擦音。我国传统音韵学中,属于 r 类音的日母归为"次浊",与边音 l(来母)和半元音 j/w(喻母)同类;而浊擦音属于"全浊",是完全不同的另一大类。

从语音演变的历史看,汉语的 r 的确应该是属于次浊的近音,而非属于全浊的浊擦音。在全浊上归去而次浊上清上仍为上声、全浊入归阳平而次浊入归去声的演变中,r 都是随次浊而非全浊一起演变。比如,"软"今为上声,"日"今为去声;而属于全浊擦音的浊上字"肾"今为去声、全浊入字"熟"今为阳平。

7. "混元音"(schwa),即[ə]。[ə]是个很常见的音,许多语言中的弱读元音都是[ə]。汉语学界通常称之为"央元音"。但这一称呼并不确切,央元音是指舌位不前也不后的音,包括高央元音[ɨ][ʉ],次低央元音[ɐ]等;而[ə]不仅是舌位不前不后的央元音,而且还是不高不低的中元音。学界曾经将这一央中元音专门命名为"混元音",这是十分合适的,为修订版所采用。

二、疑难辅音的发音练习

1. 浊塞音。汉语拼音b、d、g实际上是清塞音[p t k],而英语的b d g是浊塞音[b d g],区别在于普通话的b[p]、d[t]、g[k]没有伴随声带颤动这一浊音要素,听感上要比英语的浊塞音清脆一些。要发出浊塞音,必须设法把声带的颤动加入到相应的清塞音的发音动作中去。声带颤动这个要素是发元音的时候必然出现的,北京话里当然有。要是我们连续不断地发元音[u],同时使下唇和上齿接触,做发[f]的动作,我们就能够把声带颤动带进[f]里去,发出相应的浊音[v]。同理,也可以不断发[u]带出[b],不断发[ɤ]带出[d]或[g]。也有人用发鼻音的方法带出同部位浊塞音。

2. 颤音。"颤"就是颤动,它是舌尖或小舌这两个柔软的尖状物处在十分放松并有气流冲击的状态下连续颤动而发出的音,是外语学习中最难掌握的音之一。

俄语的 р(如 рука,手)是舌尖颤音[r],发音要领是,舌尖轻触上齿龈,放松舌部肌肉,气流冲击舌尖,使舌尖颤动成音,同时声带振动。

法语的 r(如 la robe,袍子)是小舌颤音[R],发音要领是,舌尖抵下齿,舌后部略抬起,气流通过小舌和小舌后部的间隙时发生摩擦,使小舌颤动成音,同时声带振动。

德语的 r(如 die Reise,旅行)可以是舌尖颤动(大舌颤音),也可以是小舌颤动。小舌音发音要领是,双唇张开,舌尖抵下齿,舌面向后抬起,小舌在气流中颤动,同时声带振动。

不过法语和德语两种语言的小舌音音感有些不同,需要学习时具体掌握和体会。

练习小舌颤动的方法是,嘴里含一口水,仰头嘴里发"喝"的音,使水一起震动,感觉带动小舌振动,如此,练习一段时间,直到不要水,也能振动小舌为止,慢慢就能发出小舌音来了。

第四节 音位与音系

一、什么是音位？

音位是具体语言或方言里具有区别词的语音形式作用的最小语音单位。"词的语音形式"也可以简称为"词形"。例如汉语普通话里的[p]和[pʰ]具有区别词的语音形式的作用，"拔"[pa³⁵]和"爬"[pʰa³⁵]的韵母和声调完全相同，两词之所以不同音仅仅在于声母的差别。因此[p]和[pʰ]在汉语普通话中有区别词的语音形式的作用，要分立为两个辅音音位，分别标写为/p/和/pʰ/（斜线中的音标表示音位）。

1. 音位具有区别词的语音形式进而区别词的意义的作用。每种语言都使用相当数量的音素，同一个音素在不同的语言中所起的作用可能是不一样的。比如英语也跟汉语一样有[p]和[pʰ]这两个音素，但它们在英语里并没有区分词形进而区分语义的作用。假如把sport[spɔːt]中的[p]发成送气的[pʰ]，只会使英语者感到发音不地道，却不会误解为另一个词。这说明英语中[p]和[pʰ]的差别没有区别词形的功能，因而不能分立为不同的音位，只能是一个音位的两个变体。

2. 音质音位是有区别词的语音形式之功能的最小线性单位。也就是说，它是根据时间的维向进行切分的最小单位。这可以通过对比替换的方法来得到。比如普通话的"赖"[lai]、"在"[tsai]、"烂"[lan]是语音形式不同、意义也不相同的两个单位，通过对比替换可以从它们当中区分出更小的单位：[lai]和[tsai]的后一半[ai]相同，不同只在前一半的[l]和[ts]，由此它们可以分别区分为l/ai 和 ts/ai 两个更小的线性单位。ai 还不是最小的单位，因为"烂"[lan]和"赖"仅仅是结尾处[i]和[n]的不同，前面的辅音[l]和元音[a]都是相同的。通过最小对比，[ai]又切成了[a]和[i]两个更小的单位。三个单音节词对比替换的最后结果是切分出了[l]、[ts]、[a]、[i]、[n]五个最小单位，它们都有区别词的语音形式的作用，而且从线性的角度都不能再切分，是线性最小单位。

3. 音位总是属于特定的具体语言或方言的，总是某个具体语音系统的成员，不存在跨语言或跨方言的音位。处于不同语言或方言语音系统中的音位各有自己的特点。相同的因素在不同语言或方言的系统中所起的作用不一定相同，所以不同语言或方言相同的音素或用相同字母或国际音标表示的音位实际上并不对等。

二、怎样理解音位定义中的"区分词的语音形式的作用"?

由于语素、词都是音义结合的语言符号,音位区别了语素或词的语音形式,通常同时也就区别了语素和词的意义。但严格地说,"区分词的语音形式"与"区别意义"并不完全是一回事。比如北京话中"爬"和"耙耙子"的意义并不相同,但语音形式都是/pʰa³⁵/,亦即音位并不能把这两个语素的不同意义区分开来。所以,严格地说,音位区分的是词或语素的语音形式。音位序列相同的是语言中的同音词或同音语素,音位序列不同的是语言中不同音的词或语素。

不过,为了表述的方便和非专业人士理解上的方便,说成"音位是一种语言中有区别意义作用的最小单位"也是可以的,但老师必须了解"区分意义"和"区分词的语音形式"并不完全相同,后者才是严格的音位定义。

三、分布类型(对立、互补、自由替换)与音位和音位变体

音位是根据最小语音单位是否具有区分词的语音形式之功能而确定的抽象单位,是在语言系统语音层面上真正担任最小符号形式的单位。

分布类型有如下三种,分布类型的不同与音位和音位变体的确定密切相关:

1. 对立分布。可以在相同的语音位置上出现并且具有区分词的语音形式之功能的音素属于对立分布,对立分布的音素必须是独立的音位。

判定对立分布的方法是找到一个有意义的最小语段,一般是单音节、有意义的词,然后只在一个位置上进行不同音素的替换,询问母语者替换后的语段是否变成了另一个词形(意义不同),如是,则所替换的音素是对立分布的。例如英语的[pin]是"别针"的意思,保持[__in]不动,只替换前面的辅音,可以得到发音人认为是不同的词 bin('仓')、tin('罐头')、din('喧闹声')、kin('亲属')、gin('轧')等,这说明[p]、[b]、[t]、[d]、[k]、[dʒ]等音素在英语中有区分词形的功能,必须分立为不同的音位。同样,也可以保持[p__n]不动,只替换中间的元音,得到英语中对立分布的元音音位。运用同样的方法,也不难确定汉语普通话中的[p]、[pʰ]、[t]、[tʰ]、[k]、[kʰ]等音素也有对立关系,应该分立不同的音位。

要注意的是,用替换测试对立,必须保证仅在一个语音位置上进行不同音素的替换,其他位置上的语音成分必须保持完全相同,这也叫作"语音环境相同"或"最小对立"环境。只有保证除替换所用的位置外的其他语音环

境完全相同,也即只有使用最小对立环境来进行测试,才能保证母语者所认为的词形不同的确是由所替换的音素来承担的。

2. 自由替换分布。可以在相同的语音位置上出现,但不具有区分词的语音形式之功能的音素处于自由替换关系,处于自由替换关系的音素应该归纳为同一音位的自由变体。

例如,武汉话里的[n]和[l]可以自由变读,而不会造成不同词,不能区分意义。比如"南"和"兰"对于武汉人来说是同音词,两词都可以读成[lan],也都可以读成[nan],无法根据读音中[n]和[l]的不同而区分出所说的究竟是哪个词。那么,武汉话的[n]和[l]就属于自由替换分布,应该归为一个音位。考虑到武汉话在韵尾位置上只有[n]没有[l],声母位置上涵盖这两个辅音的音位形式最好用/n/来表示。[n]和[l]是武汉话/n/音位在声母位置上的两个自由变体。

3. 互补分布。从来不在相同的语音位置上出现的若干音素处于互补关系,它们不具有区别词的语音形式之功能,可以归纳为同一音位。归为同一音位的互补分布的音素是音位的条件变体。

例如,普通话中[a][æ][ɑ]等音素从来不出现在相同的语音环境中,分布是互补的:

音素	出现环境	例字和较宽的标音
[a]	开尾韵韵腹	大[ta]、加[tɕia]
[æ]	__i、__n(限开合撮三呼)	爱[æɪ]、岸[æn]、乱[luæn]、远[yæn]
[ɑ]	__u、__ŋ	老[lɑu]、亮[liɑŋ]

要注意的是,互补分布的若干音素是否归纳为同一音位,还要综合考虑语音相近、音位聚合系统的整齐性等其他因素。比如,英语的[pʰ]不仅与[p]分布互补,也与[t]、[k]分布互补,但根据语音相近原则和音位聚合的整齐性,只能把相同发音部位的一对儿送气和不送气塞音归纳为同一音位。

"音位"是音系学的核心概念,在教材的教授中一定要利用学生熟悉的例子,比如汉语和英语中不送气清塞音[p t k]、送气清塞音[pʰ tʰ kʰ]、浊塞音[b d g]在分布上、在区别词形功能上的差别,使学生牢固地掌握这一核心概念,了解音系学不同于发音学的功效和魅力。

音位归纳还有多重互补、互为条件的互补、过度分析、不足分析等多种复杂情况,因而一种语言的音位归纳也就可能有多种不同的方案。在本教材的教授中,应该尽量回避这些疑难问题,把讲授重点放在基本概念的掌握上。有兴趣进一步深入研究的同学可参看王理嘉《音系学基础》(语文出版社,1995)的有关论述。

第五节 音位的聚合

区别特征和音位聚合系统的平行对称性

需要向老师说明的是,音系学中的"区别特征",其实有人类语言普遍的区别特征和某个具体语言的区别特征这两个不同的层次。人类语言普遍的区别特征相对较多,是根据所有人类语言中的各种对立最少需要多少区别特征区分开来而确定的。从生理的角度看,普遍的区别特征一般认为还要进一步区分为六个器官(主动发音器官)和正负偶值的特征这两类,两类共计25个左右(可参看王洪君《汉语非线性音系学》第八章)。

教材所定义的区别特征是一个具体语言中的区别特征,即一个语言中具有区别词的语音形式之功能的特征。

这一节的学习重点是区别特征、音位聚合系统的平行对称性,这两个概念教材上的讲解已经很清楚了,这里再强调一下两者的关联:

区别特征有发音生理上的自然属性,更有语言系统性的价值。根据区别特征既可以揭示音位在自然属性上的分组,又可以揭示音位聚合格局的平行对称性。而在平行对称格局中的每组聚合,又在音节组合、词法音变(如儿化音变)、语流音变和历史音变中经常成组行动,从而使用区别特征的音位分组,还可以以简驭繁地揭示语音的组合规则、交替规则和语音演变规则。具体可参看王洪君《普通话韵母的分类》(《语文建设》1995年第1期)。

第六节 语音单位的组合

这一节较原版有一些重要改动。一是音节的结构方式,原版是仅就汉语论汉语,修订版则对普遍的、可适用于所有人类语言的音节结构方式做出了概括;二是对弱化音变的说明有所增加;三是增加介绍了音步等大于音节的语音单位。这些修正有重要的理论意义,详见后。

一、音节结构

如同语法层面有语素、词、词组、句子等大小不同的单位从而形成单位层级体系,语音层面也有自己大小不同的单位。语音层面最小的线性单位是音位,比音位高一级的单位是音节。亦即,音节是由音位组合而成的结构单位。

所有语言的音节结构都可以从以下三个方面去观察:(1)音节最多可以有几个组合位置,(2)组合位置按什么样组合层次组合起来,(3)每个组合位置上可以出现哪些聚合类的成员。

教材上以北京话的音节结构为例做了具体的说明:北京话的音节(1)最多可以有声母、介音(也叫韵头)、韵腹、韵尾四个线性位置,和一个非线性的、超音质的声调位置;(2)超音质的声调通贯音节整体,音质的四个线性位置包含三个层次,第一层次是声母韵母两分,第二层次是韵母再分为介音和韵,第三层次是韵再分为韵腹和韵尾;(3)声调位置上可出现阴平、阳平、上声、去声四个调位,声母位置上可以出现北京话除/ŋ/外的所有辅音音位和一个零声母,介音位置上可出现高元音/i、u、y/,韵腹位置上可以出现北京话所有的元音音位,韵尾位置上可以出现高元音/i、u/和鼻辅音/n、ŋ/。

根据韵母各个组合位置上所出现的成员,韵母又可以区分为不同的聚合类:根据介音位置上可出现的零和i、u、y共四个成员,韵母可以分为开、齐、合、撮四个聚合类,称作"四呼"。四呼对于掌握北京话的声韵配合规律至关重要。根据韵尾位置上的成员则可以得到:从区别特征口/鼻的对立来看,凡是以元音/i、u/结尾的韵母聚合为元音韵尾韵,凡是以鼻音/n、ŋ/结尾的韵母聚合为鼻尾韵,凡是没有韵尾的韵母聚合为开尾韵。这一分类对于掌握语流音变的规律很有用处。从区别特征后/非后的对立来看,有/u、ŋ/韵尾的韵聚合为后韵尾韵,有/i、n/韵尾的韵聚合为前韵尾韵,无韵尾的仍为开尾韵。这三类韵母在儿化时各有自己的规律。

总之,音节的组合结构和每个位置上的聚合类构成一个语言音系特殊的组织方式,语言中的音只能在各自语言的这种特殊的组织方式中活动。

以上方法也可以用来分析英语等其他所有语言的音节结构。不同语言音节结构的差别仅在组合位置、组合层次、各组合位置上可以出现的聚合类这三方面有具体的差异。对于英语音节结构的分析可参看王洪君《汉语非线性音系学》第五章。

另外,语言语音层的最小单位(音位)的数量有限,其聚合系统和音节组合结构的整齐性,很好地体现了组合、聚合两种关系各自的特点和相互之间的关联,是用来说明语言系统性十分理想的证据。

二、弱化

弱化是语流音变的一种重要类型,但各种语言学概论类书籍对于语流音变的介绍往往集中在同化、异化,对弱化音变的规律较少说明。其实,弱化是各个语言都十分常见的语流音变现象。

弱化通常发生在轻声(汉语)或弱读(重音型语言)音节中,专门表示语法意义的词通常是轻声或弱读的。弱化可有程度不同,从而形成渐变的阶。本次修订介绍了常见的弱化阶。

元音:复元音→单元音→混元音(高元音/i,u,y除外)

辅音:清音→浊音,塞擦音→塞音(或擦音),塞音/擦音→边音/通音(总的规律是发音阻碍渐次减少)

汉语声调的弱化形式为轻声。轻声丧失原有的调值,时长上变短,音高变低或承接前音节的音高曲线走向。

弱化程度的加深,还会进一步造成某些音的脱落、音节分界的变动或音节的合音。

以上各种情况,教材上都举出了具体的例子。

三、音步等更大的语音单位

提出"音步"等大于音节的语音单位,是对原版所采用的美国结构主义的"音位⇒语素"模型的重大修正。欧洲的系统功能学派和1985年之后的美国音系理论都提出,语音层面有大小不同的各级单位,语法层面也有大小不同的各级单位。比如,"音位→音节→音步→停延段→语调段"是语音层面的各级单位,"语素→词→词组/短语→小句→句子"是语法层面的各级单位。同一层面上的小单位和大单位是构成关系,不同层面上的单位则是表达形式和表达内容的关系。比如音位按特定语言的规则组成该语言的音节,音节按特定语言的规则组成该语言的音步,而所组成的音节、音步则为该语言的语素、词等语法单位提供了可供选择的形式。

什么是音步、停延段和语调段?

音步是由若干个音节组成的语音单位,表现为语流中大致等距离(等时)出现的轻重、高低、长短或松紧的一次交替,是语言节奏的体现。音步一般为2—3音节,也可以是单音节或4—5音节。

停延段是由若干个音步组成的语音单位,特点是其结尾边界处或者有语音的延宕(延长最后一个音节的韵母)或者有语音的停顿(无声段)。一个停延段一般含有1—3个音步。

语调段是由一个或多个停延段组成的语音单位,特点是其末尾部分有承担语气的音高曲线,也即语调。

音节、音步、停延段、语调段等语音单位,由于与超音质的韵律要素有密切关系,所以也称"韵律单位"。

音步、停延段、语调段等韵律单位的分界,还为表达词组、句子等更大的语法单元的分界,表达语气等更高层的语法或语用意义提供了有效的手段。

我们一方面要注意韵律单位在标注语法单位分界上的重要作用,另一方面也要注意韵律单位毕竟与语法单位不是同一层面的单位,要注意语流中两类单位分界不一致的现象。

以上理论要点,教材上已经有具体实例的说明。对韵律和语法、语用的关系有进一步兴趣的老师和同学,可参考王洪君《汉语非线性音系学》第十一、十二两章。

练习与思考

一、名词解释

语音四要素　音素　音位　音位变体　非音质音位　区别特征　音节　语流音变　音步

二、填空或简答

1. 画一张元音舌位图,用国际音标标出八个基本元音。
2. 按语音特征用国际音标注出相应的音素。
   (1) 双唇浊鼻音
   (2) 舌尖前浊擦音
   (3) 舌面前送气清塞擦音
   (4) 后低不圆唇元音
   (5) 前半高不圆唇元音
   (6) 后半高圆唇元音
3. 列出现代汉语普通话辅音音位的至少四对区别特征并各举一对儿对立音位。
4. 以下是某一种语言音系的全部辅音音位,试设立一套区别特征,列表给出所有音位的区别特征。

   /p/ /b/ /t/ /d/ /k/ /g/ /m/ /n/ /ŋ/ /f/ /v/ /s/ /z/ /ʃ/ /ʒ/ /θ/ /ð/ /j/ /w/ /h/

5. 寻找适当的英语单词实例,证明英语中下列音位具有对立关系。

(提示:例如/p/—/b/对立,最小对立对儿的例子有 pit/bit;rapid/rabid;cap/cab 等)

  (1) /p/—/f/ (2) /s/—/z/
  (3) /m/—/n/ (4) /b/—/v/

6. 用国际音标注出下列汉字的音节形式,并分析它们的音节构造。

  江 交 刚 关 劝

7. 用国际音标给英语单词 splendid 和 translatable 注音,并说明它们各自包含哪几个音节。

8. 下面是一种语言里的若干个词,问:[t]和[tʰ]两个音素在分布上是什么关系?能否归纳为一个音位?为什么?

  (1) čitatʰ
  (2) makton
  (3) nahatʰ
  (4) tinan
  (5) čitam
  (6) ʔinatʰ
  (7) pototʰ
  (8) mutʰ

9. 下面是芬兰语一些单词的语音形式及相应意义:

  (1) [kuːzi] "six"
  (2) [kudot] "failures"
  (3) [kate] "cover"
  (4) [katot] "roofs"
  (5) [kade] "envious"
  (6) [kuːsi] "six"
  (7) [liːsa] "Lisa"
  (8) [madon] "of a worm"
  (9) [maton] "of a rug"
  (10) [ratas] "wheel"
  (11) [liːza] "Lisa"
  (12) [radan] "of a track"

试回答以下问题:

  (1) 说明每个音素的分布情况。

(2) [s]和[z]是否可能归并为一个音位？为什么？

(3) [t]和[d]之间属于什么关系？为什么？

10. 下列都是日语中不同的词的语音形式

tatami tegami natsu kata totemo tsukue ato tsutsumu
tatemono otoko tetsudau matsu te tʃitʃi tomoda utʃi tʃizu

试回答以下问题：

(1) 说明[t][ts][tʃ]三个音素的分布条件。

(2) 在上述材料范围内，[t][ts][tʃ]是否有可能归纳为一个音位？为什么？

11. 下面是某一种汉语方言的语流音变的四个代表性实例，试简要说明它们各自的音变特点。

(1) 棉袍 mien pɔ → mien mɔ　　(2) 戏台 xie tai → xie lai

(3) 米缸 mi kouŋ → mi ouŋ　　(4) 清唱 tsʰiŋ tsʰyɔŋ → tsʰiŋ ʒyɔŋ

12. 画出下列一段话的音步、停延段和语调段。（以（）表示音步的界线；以竖线|表示小停延段的界线；以双竖线‖表示大停延段的分界）

那是十六年前的夏天，有一个晚上，也像今天晚上一样，银河耿耿，繁星满天，我坐在窗前你祖母常坐的长板凳上，呆呆地望着闪烁的星光发闷。

三、思考题

1. 音位与音素的区别与联系。
2. 怎样找出一个语言或方言的音位？
3. 区别特征与语音系统平行对称性特点的关系。
4. 区别特征与语音系统组合、聚合两轴的关系。

注：上述习题二中，第 5、9、10 三小题编选自 *An Introcuction to Language*（5th edtion），Victoria Fromkin & Robert Rodman, Harcourt Brace College Publishers, 1993；第 8 题编选自《现代语言学教程》，霍凯特著，索振羽、叶蜚声译，北京大学出版社，1987；第 11 题的材料来自《汉语方言概要》(第二版)，袁家骅等著，语文出版社，2003。

第四章 语　　法

内容提要

本章介绍语法结构的基本规律。语法的基本单位是语素、词、词组、句子。小的语法单位可以通过组合而变为大的语法单位。不同级别的语法单位的特点不同。语法包括句法和词法两个方面，词以上的规则是句法，词以下的规则是词法。组合方面，语法结构具有层次性和递归性。词与词可以组成不同类型的短语。语素与语素构成词，根据在构词中的作用，语素可以分为词根和词缀两大类。词根据内部构成语素的特点可以分为单纯词和合成词，合成词又可分为派生词和复合词。聚合方面，介绍了词类、形态和语法范畴。与名词相关的语法范畴是性、数、格；与动词相关的语法范畴是时、体、态、人称。不同的句子格式之间可以相互变换。本章还介绍了根据结构特征（特别是句法方面的特征）而分出的语言结构类型，并介绍了语言在语法方面的一些普遍特征。

教学目的

认识语法的基本结构单位，掌握语法的组合规则和聚合规则的基本精神，了解语素在构词中的不同作用及词的不同类型，认识不同语言语法结构的特点。能运用已学的语法理论分析和阐释常见的语法现象，如分析语法结构的内部层次和关系、分析词的内部结构、辨别语法形式与语法意义、运用句法变换的手段区分句法同义和句法多义等。

重要名词概念

句法　词法　语素　词　词组　句子　词根　自由语素　黏着语素　词缀　派生词缀　屈折词缀　单纯词　复合词　派生词　语法意义　语法形式　语法范畴　性　数　格　时　体　态　人称　孤立语　黏着语　屈折语　复综语

教学建议

本章涉及的概念较多，重在能理解内涵，能结合具体的实例进行辨认分析或加以解释说明,不必死记硬背。

本章内容较多,也很重要。不少内容涉及外语实例,以使学生初步了解语言事实的丰富性和不同语言的差异。学习时要以语法的组合规则和聚合规则为纲,把各种语法现象归并为两大类,把基本内容梳理清楚,并结合具体的语言材料,真正领会概念的实质。

本章学习内容的理论性和实践性都非常强,要注意理论与实际相结合,在掌握基本知识理论的前提下,引导学生分析不同语言的语言事实,通过实践来融会贯通有关语法知识。

第一节 语法和语法单位

学习目标

认识语法的规则性
语法规则包括组合规则和聚合规则两个方面
掌握语法的基本单位及不同单位的特点

重点与难点学习提示

一、语言结构的规则性

每个语言使用者的头脑中都掌握有自己所使用语言的语法规则。这可以由以下一些事实得到证明:(1) 相同的语言符号如果以不同的顺序组合起来,意思就可能不同,这说明语言除了有许许多多不同的语言符号之外,还要有组织它们的语法规则。(2) 人们在学习外语的过程中,常常会出错,有时一句话中用到的词都正确,但说出的句子却不是本族人可以接受的句子,这同样也证明在语言符号之外存在语法规则。

每个人对本族语言都有丰富的感性认识,但不一定能够从理性上加以认识。语法分析的主要任务就是把存在于每一个语言使用者头脑中内化的语法规则揭示出来。

语法规则具有以下两方面的特性:

第一,语法规则具有概括性,这主要表现为两个方面,一是可以对数量巨大的具体词语进行分类,例如"电影、计算机、飞机、铅笔、苹果、衬衫"等不同的词都是名词,而"看、买、坐、削、吃、穿"等不同的词都是动词。类别相同的词具有类似的功能,表现在可以在相同的句法位置上相互替换。二是可以从无限多的具体的语法组合中抽象出语法结构格式,例如"看电影、买计算机、坐飞机、削铅笔、吃苹果、穿衬衫"等都是"动+名"结构,一般称之为述宾结构或动宾结构。语法规则主要关心的是语法类和语法结构格式,即语法单位之间的聚合和组合关系。

第二,语法规则都是可以重复使用的,例如上述"看电影、买计算机……"是重复使用动宾结构规则而造出来的词语;即使在同一个句子或词组内,同一条规则也可以反复使用,例如"一本书"是用偏正结构规则造出来的词组,我们还可以在此基础上反复使用偏正结构规则,造出越来越复杂的结构,如"一本新书"、"一本刚买的新书"、"一本刚买的有趣的新书",等等。凭借有限的语法规则,我们可以对无限多的语法组合进行概括描写。

二、词的定义及词和语素、词组的区别

词是非常重要的一级语法单位,它是造句的时候能够自由运用的最小单位。这是从句法角度定义的词。词也可以从其他角度来定义,如从语音的角度或从文字的角度。但对于语法研究来说,最重要的是从句法的角度界定出的词。

从句法定义的词强调"自由运用"和"最小"两层意思,用意是要把词既同小于它的语素分开,又同大于它的词组分开。典型的"自由运用"是"独立成句",也即可以加上适当的语调直接实现为句子。但是虚词不能独立成句,却能够在造句中与许许多多不同的词或词组搭配,而与它们搭配的那许许多多的成分在造句中又总是可以自由地拆卸下来并换上另一个词或词组,因此虚词也看作是词。词组在造句时也可以自由运用,但词组不是"最小"的单位,还可以分解成词。通常用扩展的方法来测试造句的自由单位是否"最小"。通俗地说,就是词的内部不能插入别的成分,而比词大的单位可以插入其他成分。

三、语法单位在不同语言中的不同表现

虽然不同语言中都有语素、词、词组、句子这几级语法单位,但在不同的语言中,这些语法单位的特点却有不同。比如,汉语的语素大多对应一个音节,只有少量例外,这些例外一部分是外来词,如"沙发",一部分是汉语中固有的联绵词,如"彷徨"。而且,汉语的语素在与别的语素组合时,通常情况下,音形都保持不变。而在英语中,语素与音系单位的对应有不同的情形,英语的一个语素可以是一个音节(如 dog),也可以大于一个音节(如 mother)或不足一个音节(如 books

的 s)。而且,同一个英语语素在组合时可能有不同的语音形式,例如英语表示复数的语素有多种形式:/s/(books)、/z/(dogs)、/iz/(benches)、/ən/(oxen),还有零形式(sheep)。再比如,不同语言中的句子的具体表现也不相同。英语中,除祈使句、感叹句外,一个句子必须有主语、谓语两个组合位置,主语必须由名词性成分担任,谓语必须由动词性成分担任,谓语中必须含有一个也只能含有一个(并列关系除外)有时态变化的动词(称作"定式动词"),等等。而汉语的句子,谓语部分可以出现多个动词性成分,在形式上没有定式动词与非定式动词的区分,动词性成分可以出现在主语或宾语位置,主语经常可以省略,名词性成分可以做谓语等。

学习提示与建议

学习本节,要注意认识人们头脑中具有关于母语的语法知识的证据,明确语法具有规则性及这种规则性是如何体现在组合与聚合中的。在学习语法单位有关内容时,要注意各种语法单位的定义及相互之间的区别与关联,并通过不同语言之间的对比,认识语法单位在不同语言中的不同表现。

第二节 组合规则

学习目标

认识语素组合成词的规则,并能分析词的构造。

掌握并能分析词与词组合的基本结构类型,知道每种类型的语法表现形式及语法意义。

理解并能分析语言的结构层次,能够画出简单句子的句法树形图。

认识句法组合的递归性特点及其在语言生成中的意义。

重点与难点学习提示

一、词的内部构造

1. 语素的不同类别

词由语素构成。语素可以从不同的角度分出不同的类别。

根据语素在词中的不同作用可以把语素分成词根和词缀。

词缀按与词根的位置关系,可以分为前缀、中缀和后缀。

词缀按其功能可以分为派生词缀和屈折词缀。两类词缀有如下重要区别:(1)派生词缀黏附在词根语素上构成新词,亦即增加了新的词汇义内容或改变了词的类别归属。屈折词缀只能改变一个词的语法形式,不能构成新词。(2)派生词缀可以与哪些词根搭配,虽然具有一定规律,但无法完全预测,因此要用收录词典的方式一一列举。屈折词缀可以搭配哪些词根,基本可以用语法条件来说明,因此哪些词根可以加屈折词缀无须一一列举,一般用词法规则或词形变化表来说明。(3)如果一个词既有派生词缀又有屈折词缀,则屈折词缀比派生词缀更靠外,即离词根更远(当二者都出现在词根同一侧时);或者说,两者添加到词根上的次序,一定是先派生词缀,后屈折词缀。

根据语素是否可以单独成词,还可以把语素分为自由语素和黏着语素。词缀都是黏着语素,词根既有自由的,也有黏着的。

2. 词的不同类型

由一个词根语素或一个词根语素加上屈折词缀构成的词称为单纯词。由两个或两个以上的构词语素组成的词称为合成词。其中,由词根语素按一定的规则组合起来构成的合成词称为复合词,由词根语素和派生词缀组合起来构成的合成词称为派生词。

二、词的组合的五种基本结构类型

词与词组合常见的基本结构类型可以归纳为主谓、述宾、偏正、联合、述补五种。这五种基本结构类型体现了词与词的五种基本的组合关系。除述补结构之外,其他几种结构广泛分布在人类语言中。述补结构在汉语中比较普遍,一般认为体现了汉语句法的特点,这种结构在汉语之外的一些语言中也有表现。虽然很多句法结构在很多语言中都出现,但在不同的语言中具体表现却可能有所不同。这些基本结构类型都可以用类的选择及其次序(简称"类的配列")这种语法形式来表达,所谓的"类"指的是构成成分的句法类别。相同的结构类型在不同的语言中,类的配列的规则有不同,也就是说在成分类的选择限制及成分类的排列次序上都可能存在不同。比如,在英语中,主语由名词性成分担当,谓语由动词性成分担当;汉语中,主谓结构对于类的选择限制不像英语那样严格,主语以名词性成分充当为典型,但也可以是动词性的,谓语一般是动词性的,但也可以是名词性的。一些语言中动词在宾语前,而在另一些语言中动词在宾语后。除此之外,结构类型还可用形态、虚词等一些其他的语法形式来表达。语法形式所表达的结构关系意义称为语法意义。语法意义与词汇意义相对,指的是词进入语法组合之后由语法结构所赋予的词汇意义之外的意义。五种基本结构类型的名称基本提示了它们各自的语法意义。

1. 主谓结构　一般认为,主谓结构反映主体与主体的动作、状态、性质的关系。主谓结构关系在不同的语言中有不同的形式体现。有的语言中主谓之间的关系紧密,表现为形态上的主谓一致,如法语、俄语、德语等,动词总是按照主语的人称变位后才能充任谓语。但有些语言,比如汉语,主谓之间的关系比较松散,是一种话题与说明的关系,主语后可以出现停顿,没有主谓一致的标记。

2. 述宾结构　这种结构的意义比较复杂,大抵反映动作(述语)和受动作支配的事物(宾语)的关系。汉语中大部分动词带的宾语是名词性的,但也有一些动词后可以带动词性宾语。

3. 偏正结构　这种结构反映修饰和被修饰的关系。以名词为中心语的偏正结构叫定中结构,以动词为中心语的偏正结构叫状中结构。有的语言,偏正结构中两个成分的次序和汉语相反,例如法语偏正结构的基本词序是中心语在前,修饰语在后。

4. 联合结构　联合结构的构成成分在语法上是平等的。处于联合结构关系中的各项在类的属性上一般是相同的。构成成分的次序可以变动,例如,"老师和学生"也可说成"学生和老师"。

5. 述补结构　汉语中,在紧接述语之后的位置上,可以加上一些成分以表示述语的程度、结果、趋向等,这叫作补语。由述语和补语构成的结构叫作述补结构。

三、语法意义及其和语法形式之间的关系

在确定了五种基本语法结构以后,我们还需要进一步探讨某一基本语法结构的小类以及相应的语法意义的小类。各种基本语法结构在自己所概括的范围内所能表示的语法意义是复杂多样的,例如汉语的述宾结构,语法意义在"支配与被支配"这一总的名目下有"动作+受事"、"动作+工具"、"动作+处所"、"动作+施事"等次一级的名目。

特定的语法意义必须通过一定的语法形式才能体现出来,特定的语法形式也必须体现一定的语法意义。在研究语法结构时,需要把语法形式和语法意义结合起来。

四、句法组合的层次性

1. 从表面上看,语法组合是一个挨着一个的一串词,是线性的。其实,它的内部组织是具有层次性的,表面上相邻的两个词并不一定构成一个有意义的片段。比如在"语言学是一门有意思的课"这个句子中,表面上"门"和"有"挨在一起,但它们却不构成句子中一个有意义的片段,而"有意思的课""一门有意思的课"则是句子中有意义的片段。

2. 每一层次中直接组合起来构成一个更大的语法单位的两个组成成分叫作直接组成成分。例如,"看电影"这个组合中"看"和"电影"就是两个直接组成成分,而"看一部电影"中,"看"和"一部电影"是第一层次上的两个直接组成成分,而"一部"和"电影"则是第二层次上的直接组成成分。除联合结构外,其他几种基本结构都是由两个结构成分组成的,所以不管是经过几层套合的词组,在每一个层次上除联合结构外都体现为两个结构成分的组合。我们在分析句子的时候,可以先找出它是由哪两个最大的部分直接组成的,确定这两部分是什么关系(结构类型),接着用同样的方法逐一分析这两大部分,找出它们各由哪两个部分组成,又分别是什么关系,这样一层层分下去,直到全部都是单个的词为止。

3. 分清了层次,不但整个句子的结构一目了然,句子里任何一个词同另一个词的关系也能清楚地说出来。因此,层次分析对于理解句义非常重要。而且,层次分析对于揭示和辨析歧义有重要的作用。例如,"找到了他的老师"是一个歧义结构,有两个意思,一个意思是"找到了老师",对应的结构层次是"找到了/他的//老师";另一个意思是"老师找到了他",对应的结构层次是"找到了///他//的/老师"。上述例子说明同一个线性组合可以有不同的结构层次,而不同的结构层次可以对应于不同的意义。这样通过层次分析,就可以把歧义揭示出来,从而更好地把形式和意义结合起来。

4. 结构中心与句法树形图

不仅词有动词、名词的词类区分,词组也有动词性、名词性的区分。述宾、述补结构是动词性的,偏正结构中定中结构是名词性的,状中结构是动词性的。与结构整体的类别属性相同的那个成分称为结构的中心,动词性词组(VP)的结构中心是动词(V),名词性词组(NP)的结构中心是名词(N)。

我们可以使用类的配列来分析句子,画出句法结构的树形图。比如,"他们在家写作业"这个句子的树形图可以表示如下,其中 S 代表句子,P 代表介词,PP 代表介词短语。

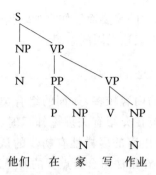

句法树形图可以对句法结构的层次作出直接的揭示,是句法分析的有力手段。

5. 组合的递归性和开放性

语法的组合结构一层套一层,所以同样的结构规则可以重复使用而不致造成结构上的混乱。同样的结构可以层层嵌套,借用数学的术语来说,这就是结构规则有"递归性"。

结构中某个单位(例如词)可以不断地被一个同功能的词组去替换,结果可以使基本结构里面的项扩展成很长的多层套合结构,但作用仍等于原先的那个项。比如:

> 他买了<u>衬衫</u>。
> 他买了<u>真丝衬衫</u>。
> 他买了<u>短袖真丝衬衫</u>。
> 他买了<u>漂亮的短袖真丝衬衫</u>。
> ……

通过偏正结构的递归性可以对以上句子中的宾语"衬衫"进行扩展,如上面各个例子中有下划线的部分。结构规则的递归从理论上讲可以是无穷尽的。

递归性有两种表现,一种是从初始结构开始,自始至终重复运用同一条语法规则。另外一种表现是,同一条语法规则可以在一个结构上间隔地重复使用。实际交际中出现的句子,不同结构的相互嵌套比相同结构的嵌套更加常见。

语法结构的递归性和语法结构的层次性密切相关。语法结构的层次性在一定程度上是由递归性造成的,而语法结构的层次性也为语法规则的反复使用提供了可能。

任何语言的语法规则都具有递归性,因而语言才富有组合上的变化性、开放性和创造性，能随表达的需要而屈伸自如。语言如果没有递归性，就无法让人类用有限的手段来表达无限的思想。

学习提示与建议

　　本节需要进行分析的内容较多，如词的组合类型、合成词的构造、句子的内部结构层次等。本节在介绍有关理论知识时，注重将汉语与其他语言相对比，目的是使大家对语言的多样性有初步的认识。可以结合自己的外语知识，对比汉语与外语在语法组合特点上的差异。本节理论性比较强，内容比较抽象，掌握起来有一定难度，要真正领会并能做到熟练运用，必须加强实践练习，不能死记理论。平时学习，一定要注意这一点。关于语法意义和语法形式等问题，可结合第三节中的语法范畴部分进一步深入理解。

第三节　聚合规则

学习目标

　　认识词类的划分依据
　　认识形态及其在组合结构中的作用
　　理解语法范畴中一些基本概念的内涵

重点与难点学习提示

一、词类的划分

　　1. 词类及其划分标准

　　基本结构中的主、谓、宾、定、状、补等成分，处于这些结构里的不同组合位置。组合规则和聚合规则是相关联的，每个位置上可能出现的词要到有关的聚合里去选择。这种聚合就是词类。所以词类是按照词在结构中所能起的作用，即词的句法功能分出的类。在一种语言里，凡是能在同样的组合位置上出现的词，它们的句法功能相同，就可以归成一类。

　　词的句法功能在不同的语言里有不同的表现，所以每种语言都有自己的词类体系，需要分别归纳。在形态变化比较丰富的语言中，根据词形变化，比较容易分辨词类。例如，俄语的名词、动词、形容词，各有自己的一套变化形式，根据词形变化即可确定词类。汉语缺少词形变化，只能凭词的功能来分类，这就给汉语词类的划分带来了复杂性。在汉语中鉴别一个词所属的词类,除了要考察该词能否充当什么句子成分外,还需要考察该词与其他词的组合情况,比如名词前面能加数量词,不能加"很"、"不",后面不能加"了"。

不管语言中是否有词形变化,词类从根本上讲都是根据句法功能确定的词的聚合,因为词形变化标明的也是词的句法功能。有词形变化的语言,当某个词的词形变化不充分或词形变化与词的句法功能有冲突时,仍然要按句法功能来给词分类。

2. 划分词类应注意的问题

(1) 在鉴别词类时可以参照词的意义,但不能完全根据意义,而需要有句法功能和形式上的实证。

(2) 各种语言里面都有跨类的词,就是说一个词既可以属于这一类,也可以属于那一类,这可称为兼类。汉语的实词缺少形态变化,同一个词的句法功能往往有比较大的灵活性,因而跨类的现象比较多,这是汉语词类系统的一个特点,也是划分汉语词类的一个难点。

(3) 在同一个词类当中,具体的成员有典型与非典型之分。例如"前面能加数量词"是汉语名词的一个重要特征,"笔、桌子、围巾"等前面都可以加数量词,无疑是名词类中的典型成员,而"体育、表面"等词前面极少加数量词,但我们承认它们也是名词,与前一组名词相比,它们是名词类中的非典型成员。

3. 划分词类对句法描写的意义

划分词类是概括句法格式、发现组合规则的基础。词类是语言中客观存在的语法聚合,不把它弄清楚就无法说明语法的组合规则。句子的数量是无穷的,句子的结构格式却是有限的。从具体的句子入手,凭借词类我们可以从具体句子里抽象出句法结构的格式。例如"名词+动词+名词"就是汉语的一个重要的句法格式。

词类之于句法描写的重要性还表现在,给词分小类可以大大深化句法描写。语言的词类是一种由粗到细,层层细分的体系。名词、动词、形容词等是最大的类,每一类词的"大同"中有"小异","异"在更细致的结构类型中的分布不相同,据此可以把词分为更小的类。组合研究的深入总是要求聚合方面作更细的分类。向语法结构的深处和细处探索,这是目前语法研究的主要方向。

在当代语言学研究中,动词的分类研究很重要。例如在汉语中马庆株先生提出把动词分为"自主动词"和"非自主动词"两类,自主动词如"看、听、买、学习、分析"等都可以进入"来/去＋动词＋宾语＋来/去"这一格式,而非自主动词如"病、懂、怕、漏"等都不可以进入上述格式。与此相关的是,自主动词能带上宾语构成祈使句,而非自主动词不能构成祈使句。

二、形态变化的主要形式

在有些语言中,词与词组合时形式要发生变化。同一个词与不同的词组合就有不同的变化。这些不同的变化形成一个聚合,叫作词形变化,或者叫作形态。形态是表达语法意义的重要手段,是词进入组合结构关系所要求的。像俄语这样的语言,词不发生变化就不能进入组合结构。

词形变化是个广义的概念,主要有以下几种表现形式:

1. 附加屈折词缀:这是最常见的词形变化。例如英语名词加上 s 表示复数,动词加上 ing 表示进行体,动词加上 ed 表示过去时,形容词加上 er 表示比较级,等等。

2. 内部屈折:也叫语音交替,指通过词根的语音变化构成语法形式,表示某种语法意义。例如,英语中 man(男人)表示单数,表示复数不是通常的那样加 s,而是改变内部的音素,变为 men,又如 swear(宣誓),表示过去时变为 swore,表示完成体变为 sworn。

3. 异根:指用不同的词根表示同一个词不同的语法意义,例如,英语中 we 是主格,us 是宾格,又如形容词 good 的比较级 better 和最高级 best,也是用异根方式构成的。

三、语法范畴

1. 语法范畴、次范畴与语法意义

语法范畴是词形变化所表达的语法意义的类。如果说形态是词的变化形式方面的聚合,那么语法范畴就是由词的变化形式所表示的意义方面的聚合。词的每一种形态变化都表示一种语法意义,例如,英语单词 book 表示单数的语法意义,books 表示复数的语法意义。这些语法意义又可以按是否具有共同的意义要素,概括为更高层级上的大类。比如单数、复数有相同的意义要素,可概括为一个更高层的语法意义类别——"数"。这种在语法意义要素相同的基础上概括出来的更高层次的语法意义的类,就是"语法范畴",而每一种形态变化所表示的语法意义是语法范畴的下位意义。如:

```
语法意义    语法范畴(范畴义)
单数  ⎫
复数  ⎬ 数(数)
      
普通体 ⎫
进行体 ⎬ 体(动作行为进行的各种阶段和状态)
完成体 
```

从上面这个关系图中我们可以看到,一个语法范畴必须由两个或两个以上互相对立且位于同一个上位意义领域之下的语法意义构成,也就是说只有表示共同的意义领域才能构成语法范畴,并且只有具有共同的上位意义领域的语法意义才能进一步综合概括为语法范畴。

注意,要把语法意义与词汇意义区分开来,"百"、"十"、"千"、"万"这些词虽然表达数量含义,但这种意义是词汇意义,不是语法意义,因而不能据此概括出汉语有数的语法范畴。

属于同一语法范畴的语法意义相互之间是对立的,这表现在以下事实上:在运用中只能选择同一语法范畴中的某一项意义,而不能同时选择两种,比如名词选择了单数形式,就不能再同时选择复数形式。

2. 常见的语法范畴
(1) 与名词相关的语法范畴
常见的与名词相关的语法范畴有性、数、格。
①性
性是某些语言里的名词的分类。有的语言中的名词分为阴性和阳性两个类别,而有的语言中的名词分为阴性、阳性和中性三个类别。

"性"是一个语法的概念,它和生物学的性别的概念不一定一致。生物学上只有有生物才有性的区分,无生物没有性的区分,但在语言中,所有名词都有性的区分,不管是表示有生物的名词还是表示无生物的名词。有些语言名词性范畴的分类涉及的是人和非人的,或有生和无生的对立,和自然的性别就更没有关系了,而只能理解为名词的语法分类。都具有性这一语法范畴的语言,指称同一事物的名词在各自的语言系统中所属的性可能不同,例如,太阳在法语里是阳性,在德语里是阴性,在俄语里是中性。

名词具有的性范畴是词在入句前就确定的,在有性范畴的语言中,学习者在学习名词时要记住它的性。冠词和形容词会随着有关的名词而有性的变化,但只有进入句法结构中才能确定是阴性还是阳性,也就是说,冠词和形容词的性的变化是受其所修饰的名词所支配的,它们本身没有固有的性。比如,法语中表示"大"的形容词有阴性和阳性两种形式,grand 是阳性形式,用来修饰阳性的名词,grande 是阴性形式,用来修饰阴性名词。

注意,英语中的 waiter(侍者)/waitress(女侍者),hero(英雄)/heroin(女英雄)的对立是词汇意义的对立,而不属于语法范畴中的性。

②数

许多语言都有数的语法范畴。有的语言中的数范畴是两分的,包括单数和复数两种意义。在这样的语言系统中,复数的含义是大于一。有的语言中数的范畴是三分的,有单数、双数和复数的区别,在这样的语言系统中,复数的含义是大于二。还有的语言有单数、双数、三数和复数,在这样的语言系统中,复数的含义是大于三。和性范畴一样,数范畴也会在句法中和名词相关的词中体现出来。在一些语言中,冠词和形容词也会随着所修饰的名词的数的变化而变化。很多语言中名词做主语时,谓语动词会有相应的数的变化。

注意英语中表示"二"的前缀 bi-(如在 bicycle,bidirectional,bilateral 等词中)、表示"三"的前缀 tri-(如在 tricycle,triangle,triacid 等词中)是派生词缀,而不是屈折词缀,它们不属于表达"数"的语法范畴的语法形式。

③格

格表示名词、代词在句中和其他词的关系。有格的范畴的各种语言,格的数目有多有少。修饰名词的形容词、数词也有相应的格的变化。

(2) 与动词相关的语法范畴

①体

体表示动作行为进行的各种阶段和状态。不同语言的体的范畴的表现各不一样。英语动词有普通体、进行体和完成体。汉语动词加"了""着""过"的现象,有人认为也是体的分别,"了"表示完成体,"过"表示经历体,"着"表示进行体。但这些虚词在句中使用的语法强制性不强,和词形变化体现的体范畴不完全一样。

②时

"时"表示行为动作发生的时间。这时间往往以说话的时刻为准,分为现在、过去、未来。也可以在说话时之外,另外再选取一个时间参照点,"时"用来表示事件发生时与时间参照点及说话时之间的相对关系。一个交际中使用的句子必须反映出时的信息。

注意,要分清"体"和"时"这两个不同的概念。"体"和"时"虽然都和时间概念有关,但是"体"反映的是一种"内部时间",即表示动作行为处于它自身所表示的过程的某一阶段。而"时"反映的是一种"外部时间",关注的是动作行为在外部时间流中的定位。"时"和"体"在一些语言中常被综合在一起表达,如英语语法中通常说的"现在进行时"实际上包括时和体两个方面:现在时、进行体;"过去完成时"则是:过去时、完成体。

③人称

不少语言的动词随着主语的人称不同而有不同的形式。比如,法语的动词 regarder(看)在不同人称的主语后有不同的形式,在第一人称单数主语后是 regarde,在第一人称复数主语后是 regardons,在第三人称复数主语后是 regardent,等等。英语动词的现在时形式在主语是第三人称单数时要在原形后面加后缀-s。人称范畴也是主谓一致的一种表现。

④态

态表示动作和主体的关系。一般分为主动态和被动态两种。主动态表示主体是动作的发出者,被动态表示主体是动作的承受者,谓语动词会有相应的变化。

3. 语法范畴的特点

语法范畴必须有词形变化的形式体现。用词汇词或用短语组合表达的类似意义不属于语法意义。

语法范畴的语言个性很强,不能用一种语言的语法范畴去硬套另一种语言。

同一语言中,语法范畴也不是固定不变的。在历时发展过程中,旧的语法范畴可能消失,新的语法范畴也可能出现。

学习提示与建议

本节的内容既是重点又是难点。学习词类,要明确划分词类的意义,可结合汉语或英语词类的划分,重点认识词的功能在划分词类中的作用。认识什么是形态变化及形态变化的具体表现。理解语法范畴的含义,注意语法范畴同语法意义的区别与联系,把握常见语法范畴的内涵,学会利用外语中的材料来理解性、数、格、时、体、态的实质与表现,注意区分语法范畴表达的意义与用词汇手段表达的类似意义。

第四节 变 换

学习目标

认识句式变换的形式手段

认识句式变换与句法同义、句法多义的关系

理解变换在辨别句义中的作用
能运用变换的手段来分析一些句法现象

重点与难点学习提示

一、句式的变换

句子格式之间存在着种种关系，可以相互变换。句式的变换，就是运用增加、删除、换位等手段，把一种句式变成另一种句式。比如陈述句和疑问句、陈述句和祈使句、主动句和被动句、肯定句和否定句等都可以相互变换。句式的变换是句子格式之间的关系，而不仅是具体句子之间的关系。

句式的变换要依赖于结构。增加或删除的成分的位置，发生移位的成分移动到哪里去，都要靠句法结构来确定。比如以下是英语陈述句变为是非问句的一个变换：

The boy is sleeping. → Is the boy sleeping?

英语陈述句变是非问句的规则有两种可能的概括：一种概括是说将句中的助动词移到句首，第二种概括是将作主语的 NP 后的助动词移到句首。第一种概括看起来比较简单，不依赖结构，不需要主语、NP 这些结构性概念，第二种概括依赖结构，看起来比第一种复杂。如果仅看以上这一个变换的例子，这两种概括都可以生成合格的结果。但如果我们看更多的例子，就会知道只有依赖结构的规则概括才是正确的。以下的句子中都包含两个助动词，必须将主语 NP 后的助动词移前才能得到合格的是非问句，可见变换时必须参照句法结构：

The boy who is sleeping was dreaming.
Was the boy who is sleeping dreaming?
*Is the boy who sleeping was dreaming?

The boy who can sleep will dream.
Will the boy who can sleep dream?
*Can the boy who sleep will dream?

变换是语法格式的有规则的变化，它能超越一个语法格式的范围，揭示有关格式之间的关系。

二、变换与句法同义的辨析

有些句型表面形式虽然不同,但实际表达的逻辑意义基本相同,这就形成了句法同义。具有同义关系的句式形成了一个聚合。

试比较下面的几个英语例子:

(1) John opened the door with the key.
(2) John used the key to open the door.
(3) The door was opened by John with the key.
(4) It was John that opened the door with the key.

以上四个句子的句法结构格式不同,但是都表示"施事(John)—动作(open)—受事(door)—工具(key)"这样的语义结构。如果把 John 换成 Tom,把 open 换成 cut,把 door 换成 rope,把 key 换成 knife,我们同样可以造出四句一组的同一语义结构的句子来。可见句法同义指的是句子格式的同义而不是具体句子之间的同义。

注意,"句法同义"中的"同义"仅指基本命题语义的相同,不同的句子格式所表达的语义总是会有一些细微的差别,比如在表意的侧重点、说话人的态度、视角等方面可能存在不同。

处于同义关系中的若干句子格式,可以按照一定的规则互相变换。在变换时有时只需要采用一种手段(如移位、增添成分、删除成分等),有时则要同时使用两种或两种以上的手段。

变换将具有近似表达功能的句子格式联系了起来,打破了孤立地研究一个个句式的局限,开阔了研究句法的视野。变换也具有重要的实践意义:学习语言的人可以利用它来扩大练习造句的范围,掌握成套的句式;使用语言的人也便于在有变换关系的句式中挑选合适的句式,提高表达的效能。

三、变换分析对揭示和分化句法多义的作用

1. 句法多义是指同一个句法组合具有两种或两种以上的结构意义,也就是指句式具有歧义。例如下面这个英语句子:

He saw a girl with a telescope.

这个句子可以有两种含义,一是他用望远镜看见了一个女孩,一是他看见

了一个带着望远镜的女孩。在第一种含义里，with a telescope 是句子的状语，在第二种含义里，with a telescope 是宾语的定语。当 with a telescope 被分析成状语时，这个介词短语可以移到句首，句子可以变换为：

With a telescope he saw a girl.

当介词短语提前之后，句子就只能表达一种语义了，介词短语只能分析成状语而不再能分析成定语。

如果我们把介词短语中的名词换成 bag，句子的歧义就会消失：

He saw a girl with a red bag.

以上句子只有一个意思，就是"他看到了一个带着红包的女孩"。介词短语 with a red bag，只能分析成宾语 a girl 的定语，而不能分析成修饰动词的状语，因为这个介词短语在语义上无法与动词 saw 搭配。由于 with a red bag 不能分析成状语，所以上面的句子就不存在将介词短语移前的变换格式，将介词短语移前将造成句子的不可接受：

*With a red bag, he saw a girl.

这表明句式的歧义既有结构上的原因也有语义上的原因。以上英语句子产生歧义的结构上的原因是英语的介词短语既可做状语又可做定语，当介词短语出现在动宾结构之后时就有歧义分析的可能。而当介词短语出现在动宾结构前时，介词短语由于远离了宾语，因此只能分析成状语。语义上的原因是介词短语在语义上要既可以充当动词的修饰语也可以充当名词的修饰语。比如，with a telescope 可以修饰动词 saw，表示动作的方式，也可以修饰名词 a girl，描述人物的特征，因此在语义上与动词和宾语都相容，从而可能产生歧义。而当介词短语是 with a red bag 时，虽然在结构上符合产生歧义的条件，但在语义上只能与名词宾语相容，不能和动词 saw 相容，因而不能造成歧义。

变换分析能够比较合理地揭示和分化句法多义，因为聚集在一个语法结构里面的两种语义关系在别的结构里不一定聚集在一起，变换正是把它们放到另一些结构里面去检验。通过变换分析，我们可以设法为每一种结构意义寻找它们相应的变换式，从而把它们分化开来。

学习提示与建议

本节三个内容，第一个说明句式变换的原则和方法，第二个说明句式变换后的意义关系,第三个说明句式变换的作用。句式变换可以将同义句式联系起来进行研究,也可以将多义句式中包含的多个意义分解开来。句式变换对于分析句义,揭示句子之间的关系具有重要意义。学习本节要多思考、多分析语言实例,达到能够掌握变换方法去分析语言现象的目的。

第五节 语言的结构类型和普遍特征

学习目标

认识人类语言的几种结构类型的特点
认识不同语言都能满足表达和交际的需要,没有优劣之分
了解人类语言的一些普遍特征

重点与难点学习提示

一、语言的结构类型

根据语法结构特点给世界上的语言分类,是一种语言分类的重要方式。把语言分成不同的结构类型,对于我们了解世界语言的概貌,探讨语言的普遍特征,都有一定的帮助。较传统的结构分类主要是根据词法的区别把世界上的语言分成孤立语、黏着语、屈折语、复综语四种类型。

孤立语的主要特点是缺乏词形变化。孤立语中词的次序很严格,不能随便更动。比如汉语是典型的孤立语,汉语地点词在动词前表示动作发生的场所,在动词后表示动作结果所造成的人或物的位置。对比"他在桌子上跳"和"他跳在桌子上"。孤立语中虚词的作用很重要,词与词之间的语法关系,除了词序,很多都是由虚词来表达的。比如"父亲和母亲"、"父亲的母亲"、"父亲或母亲"等,仅虚词不同,意义就大不相同。除汉语外,越南语、彝语、壮语、苗语等也都属于孤立语这一类型。

屈折语有丰富的词形变化,词与词之间的结构关系主要靠词形变化来表示,因而词序没有孤立语那么重要。不同的词序可以表达基本相同的意思,词序的不同就只用来表达一些细微的语用含义的差别。在多种可能的词序中,一般有一种基本词序。屈折语的一个屈折词缀可以同时表示好几种语法范畴义,如希腊语 p'y'lakos(岗哨的)中的 os 既表示单数也表示所有格。同一种功能可以由几个不同的词缀形式来表达,如英语的过去分词既可以用[d],也可以用[n](如 taken);stolen, sold 同时用元音内部屈折和加

后缀的方式(分别是 n 和 d)来表达过去分词。屈折语的词根和屈折词缀结合得很紧，脱离屈折词缀，词根一般就不能独立存在。俄语、德语、法语、希腊语等都是典型的屈折语。

黏着语的主要特点是没有内部屈折，所谓内部屈折是指通过改变词内部的语音形式来表达语法意义的手段。比如英语动词 win 的过去式 won 是通过改变词根的元音形成的，采用的就是内部屈折的手段。黏着语的每一个语法范畴义都由一个黏附语素来表示，而一个黏附语素也只表示一种语法范畴义。因此，一个词如果要表示三种语法意义就要增加三个表示语法意义的黏附语素。此外，黏着语的词根和表示语法意义的黏附语素之间的结合并不紧密，虽然在接口处可能会有一定的语音变化，但两者的分界大致清楚，有相当大的独立性，表语法义的专用语素好像是黏附在词根上似的。土耳其语、维吾尔语、芬兰语、日语、朝鲜语都属于黏着语的类型。

复综语可以说是一种特殊类型的黏着语。在复综语里，一个词往往由好些个语素编插黏合而成，有的语素不到一个音节。由于在词里面插入了表示多种意思的各种语素，一个词往往构成一个句子。这种结构类型多见于美洲印第安人的语言。

语言的结构类型是就结构的基本面貌来说的，不是说屈折语中没有其他结构类型的成分，或者孤立语中没有任何黏着、屈折的成分。世界上没有一种语言纯粹属于某一种结构类型。

以上四种结构类型的分类是 19 世纪时西方人提出的，主要的依据是构词形态。与构词形态不同相应，它们的句法也有很大的区别。语言的类型分类还可以根据其他标准，比如根据词序。

语言的不同结构类型只是表明了语言的表达手段的多样性，并没有高低优劣之别。

从结构上对不同的语言进行深入的比较是很有必要的，因为外语教学和翻译很需要利用比较的成果。

二、语言的普遍特征

语言有个性，也有共性。比如所有的语言的语音系统中都有元音和辅音。所有语言都具备某种共同因素，这叫作语言的绝对共性。语言中还有一些蕴含共性，所谓蕴含共性，是指语言如果具备特征 A，一般也会具备特征 B。比如如果一种语言的动词在宾语前，那么很可能介词也位于其宾语前。这种共性揭示出了两种语言要素的关联，是当代语言类型学研究的主要内容之一。

探究语言的共性和个性是语言学研究的一个核心课题。

三、本章的俄语语料用例说明

为了使学生更好地了解有形态变化的语言所具有的语法形式特点,了解各种语法范畴的体现方式,以及不同的语言具有的语法结构类型等,教材在这一章节选取了不同类型的语言材料例证进行分析讲解。其中为说明屈折语结构上的特征,运用了许多俄语的用例。为方便在教学中更好讲解或理解教材中的这些俄语语料所体现出的语法结构特点,这里特将书中俄语语料用拉丁字母转写标音,并对其结构稍加说明。

例1：　　汉语　　　　　俄语

　　我读书。　　Я чита-ю книгу.
　　　　　　　　Ja chita-ju knigu.

　　你读书。　　Ты чита-ешь книгу.
　　　　　　　　Ty chita-jesh knigu.

　　他读书。　　Он чита-ет книгу.
　　　　　　　　On chita-jet knigu.

　　我们读书。　Мы чита-ем книгу.
　　　　　　　　My chita-jem knigu.

　　你们读书。　Вы чита-ете книгу.
　　　　　　　　Vy chita-jete knigu.

　　他们读书。　Они чита-ют книгу.
　　　　　　　　Oni chita-jut knigu.

教材中以此例说明俄语动词 читать(chitat′)随着主语的人称和数的不同而发生的屈折变化,以及宾语 книга(kniga)的格变化 книгу(knigu)(宾格)。

例2：俄语形容词的性、数、格的变化必须和它所修饰的名词一致。

　　красный　чемодан(红皮箱)阳性
　　krasnyj　chemodan

　　красное　знамя(红旗)中性

```
krasnoje  znamja
красная   армия（红军）阴性
krasnaja  armija
```

例3：俄语中表领属关系的属格变化。

```
книга   отца（父亲的书）
kniga   otca
```

其中的 отца(otca)是 отец(otjec)（父亲）的属格。

例4：同一屈折词缀表几种语法范畴义。

```
арми-я（军队）      семь-я（家庭）
armi-ja            sjem-ja
```

其中的-я(-ja)兼表阴性、单数、主格。

例5：俄语表性范畴的屈折变化。

```
карандаш（铅笔）    книга（书）      перо（钢笔尖）
karandash          kniga            pjero
```

以上三个词的末尾分别是辅音、元音-a 和-o,表示这三个名词分属阳性、阴性、中性。

教材在本章节中出现的其他俄语用例：

```
до-ход（收入）      ленин-изм（列宁主义）
do-khod            ljenin-izm
```

以上两例为说明派生构词用例。

```
хорош-（好）        книг-（书）
khorosh-           knig-
```

以上两例为说明词干用例。

```
вы-ход（出口）      пере-ход（越过）
vy-khod            pjere-khod
```

以上两例为说明词缀用例。其中的"вы-"（vy-）"пере-"（pjere-）等都是前缀。

学习提示与建议

本节着重认识语言的结构分类。认识各种类型的语言的主要特点。可以结合汉语或自己知道的外语中的现象来理解本节谈到的内容,从而理解语言的类型差异。认识语言结构不能分优劣。认识语言既有个性,也有共性,初步了解语言的一些普遍特征。

练习与思考

一、举例解释下列名词

内部屈折　格　性　屈折词缀

黏着语素　体　时　词法

二、填空

1. 和动词有关的语法范畴有时、体、_____和_____。
2. 由两个或两个以上的语素构成的词称为_____。
3. 在 workers 中,worker 这一部分可以称为_____。
4. 按照词法结构类型,语言可以分为_____、_____、_____和_____。
5. 句子的最大特点是有_____。
6. 仅有一个语素构成的词是_____。
7. 最小的语法单位是_____。
8. 和名词有关的语法范畴有性、格、_____。
9. 词的组合有五种基本类型,例如"研究问题"属于_____,"跑得很快"属于_____,"马上出发"属于_____,"火山爆发"属于_____。
10. 能够改变词类的是_____词缀。
11. 表达语法意义的语法形式除了有类的配列之外,还有_____和_____。

三、单项选择

1. 下列各组词中全都属于复合词的一组是(　　)
   A. 大学、人民、(英)reader
   B. 劳动、阿姨、(英)railway

C. 瓶子、教室、(英)unhappy

D. 道路、材料、(英)classroom

2. 与"春光明媚"结构相同的组合是(　　)

　　A. 阳光充足　　　B. 已经开始

　　C. 调查研究　　　D. 工人和农民

3. 以下关于句法变换的陈述正确的一项是(　　)

　　A. 句法变换反映的是具体句子之间的关系。

　　B. 句法变换可以区分句法多义。

　　C. 容许变换说明一个语言的语序是自由的。

　　D. 变换从不改变句子的语义。

4. 区分词类的最重要的依据是(　　)

　　A. 意义　　　　　B. 形态变化

　　C. 句法功能　　　D. 语言的类型特点

5. 现代汉语普通话中的"花儿"是(　　)

　　A. 单纯词　　　　B. 派生词

　　C. 复合词　　　　D. 语素

6. 分析以下 Michoacan Aztec 语中的一些词及其英语翻译。

　　nokali—my house　　nokalimes—my houses　　mokali—your house

　　ikali—his house　　kalimes—houses

　　如果表示"friend"的词是 mahkwa，表示"my friends"的词应该是(　　)

　　A. nomahkwa　　　B. mahkwas　　　C. momahkwames

　　D. momahkwaes　　E. nomahkwames

四、分析题

1. 用变换的方法区分下列句法多义的句子：

　　支持的是王书记

2. 下列是 Swahili 语的一些句子("名词＋动词"结构)及相应的英文翻译：

mtoto　amefika	The child has arrived.
mtoto　anafika	The child is arriving.
mtoto　atafika	The child will arrive.
watoto　wamefika	The children have arrived.
watoto　wanafika	The children are arriving.
watoto　watafika	The children will arrive.

mtu	amelala	The man has slept.
mtu	analala	The man is sleeping.
mtu	atalala	The man will sleep.
watu	wamelala	The men have slept.
watu	wanalala	The men are sleeping.
watu	watalala	The men will sleep.
kisu	kimeanguka	The knife has fallen.
kisu	kinaanguka	The knife is falling.
kisu	kitaanguka	The knife will fall.
visu	vimeanguka	The knives have fallen.
visu	vinaanguka	The knives are falling.
visu	vitaanguka	The knives will fall.
kikapu	kimeanguka	The basket has fallen.
kikapu	kinaanguka	The basket is falling.
kikapu	kitaanguka	The basket will fall.
vikapu	vimeanguka	The baskets have fallen.
vikapu	vinaanguka	The baskets are falling.
vikapu	vitaanguka	The baskets will fall.

问题：

(1) 找出上面 Swahili 句子中的所有语素，并说明它们的意义。

(2) 说明 Swahili 语中的动词是怎样构造的。

(3) 就上述材料而言，Swahili 语中至少有哪几种语法范畴？

3. 请为下面的句子画出句法结构树形图。

他希望将来研究语言学。

4. 仔细研读下列不同语言的材料，回答问题。

(1) 法语 Cet homme intelligent comprendra la question.
英语单词对译：This man intelligent will understand the question
英语翻译：This intelligent man will understand the question.
法语：Ces hommes intelligents comprendront les questions.
英语单词对译：these man intelligent will understand the questions
英语翻译：These intelligent men will understand the questions.

(2) 日语　　watashi　ga　　sakana　o　　tabete　iru.
汉语直译：　我　主语标记　　鱼　宾语标记　吃着　是
汉语意译：我正在吃着鱼。
(3) 斯瓦西利语　mototo　　alivunja　　　kikombe.
语素切分：　　m- toto　　a- li- vunja　　ki- kombe
汉语直译：单数标记 孩子　他 过去时标记 打破　单数标记 杯子
汉语意译：这个孩子打破了那个杯子。
　　　　　　　watoto　　　wanavunja　　　vikombe.
语素切分：wa- toto　　wa- na- vunja　　vi- kombe
汉语直译：复数标记 孩子　他们 现在时标记 打破　复数标记　杯子
汉语意译：这些孩子打破那些杯子。

问题：
(1) 说明汉语跟法语在语法上的至少三点不同。
(2) 说明汉语跟日语在语法上的至少两点不同。
(3) 说明汉语跟斯瓦西利语在语法上的至少三点不同。

5. 分析以下句子中所体现的组合关系和聚合关系。
张三去过北京。
妈妈洗了衣服。
学生举着标语。

五、问答题

1. 举例说明什么是句法结构规则的递归性。递归性和句法结构的层次性有什么关系？

2. 汉语名词没有性数格等形态变化，我们可以用怎样的办法给汉语名词分出语法上的小类？请试着给出一种分类，并说明理由。

3. 与英语对比，举例说说汉语语素的特点。

4. 结合具体语言事实说说如何区分词和短语。

第五章 语义和语用

内容提要

本章从语义和语用两个层面探讨语言的意义表达。语义层面介绍词汇语义和句子语义两大部分,分为三节。词汇语义部分分别讲授词汇的性质和构成,词义的一般特点,词义间的各种关联,词的语义特征和语义场;句义部分说明句义与词汇形式的关系,句义与人类经验的关系,句义与说话人和交际现场的关系,并且初步介绍了句子的真值、蕴涵、预设等和句义相关的语义学中的重要概念。本章第四节讲授语用层面,用五个小节从语用的角度说明话语中意义的最终表达与语境中各种要素(特别是语言使用者)之间的各种关联,介绍了语境、话题、说明、预设、焦点、言语行为等重要的概念。

教学目的和要求

认识语言意义表达的不同层次,不同层面的语言形式和意义表达的关系。掌握词汇的基本构成,词义的特性,词汇系统中的各种词义关系;掌握句义表达和词汇形式组合的关系,句子的语义结构和人类经验映像的关系,掌握一些相关的基本语义范畴的概念内涵;了解语用研究的视角,与语境义相关的各种要素,掌握相关的重要概念。

重要名词概念

词汇 基本词汇 一般词汇 词的理性意义 词义的概括性 多义 同义 反义 上下位义 语义特征 语义场 语义角色 句法语义范畴 语气 情态 真值 蕴涵 预设 语境 物理语境 话题和说明 有定性 焦点 言语行为 直接言语行为 间接言语行为

教学建议

这一章在修订本中增加了许多内容,语义部分除保留了原教材的词汇语义学内容外,增加了句义部分,此外还增加了关于语用层面意义表达的介绍,内容很丰富。教学中首先要使学生清晰了解各节内容之间的关系,了解语言意义有不同层次,这一章就是逐层揭示反映人类经验的意义是如何借助各个层面的语言形式以及语言外要素体现出来的。

在词汇语义部分,要阐明词义的基本性质特征,同时通过对各种词义关系以及语义场理论的介绍揭示词汇语义的系统性。在句义部分首先要使学生了解,句义虽然以词汇义为基础,但作为整体语言形式单位反映人类经验,也具有一般性的语义结构,要说明句义结构的基本构成,讲清各种重要的语义范畴的概念内涵。语用部分要说明语言形式和各种语境要素间的关系,语言形式和说话人的信息传递意向的关系,语言形式和言语行为目的和意图的关系,等等,要讲清各种语用范畴,适当辨析语用范畴和语法语义范畴间的区别和联系。教学中为使学生深入理解,宜增加实际语言材料的分析讲解。

有些内容建议在理解的基础上联系汉语语料教会学生进行分析操作,例如词义关系分析、语义特征的提取、语义角色和语义结构的分析、蕴涵和预设的区分、话题和有定性的分析、焦点分析等。

重点与难点学习提示

第一节　词汇和词义

一、语言的意义主要有哪些层次?

语言是形式和意义相结合的编码体系,语言的意义总是相对语言的形式而言。语言的意义可以分为两个层次。一个层次是语句及其组成单位所具有的惯常意义,比如"同学们都来了"这句话表达的意义一般是不变的。这一层次的意义也可以叫作语言内部意义或狭义的语言意义,主要是语义学研究的内容。

另一个层次是语用意义,是语言外部的,是语言在使用过程中产生的意义,它涉及语言形式与语境,特别是与语境中说话者的关系,跟说话人具体运用语言时所要表达的交际目的有关。比如,同样是"同学们都来了"这句话,说话人与听话人的关系不同,所处的交谈环境不同,所要表达的意思就可能不同,可能是"我们开始上课吧"的意思,也可能是"我们现在出发吧"的意思,等等。这一层次的意义是语用学研究的内容。所以广义的语言意义包括语言内部意义和语用意义两部分。

语言意义层次的另外一种分类可以从语言单位的大小来看,分为语素义、词义、短语义、句义和篇章义等。从语言符号的意义表达上看,语素义和词义比较基本,利用它们可以对现实现象进行基本的分类、定名,在此基础上,才有短语义、句义和篇章义的表达。因此,研究语言符号的意义一般都从语素义和词义开始。词汇和词义的研究在传统语言研究中是语义研究的基础和主体。

二、基本词汇及其特点

1. 一种语言中所有的词和成语等固定用语的总汇是该语言的词汇。词汇分为基本词汇和一般词汇两大类。基本词汇里的词是词汇的核心,它们是人们自古至今常用的、用来表达日常事物现象的、作为构成新词基础的那一部分词。

2. 基本词汇有如下三个特点:

(1) 全民常用性。基本词汇中的词都是一个语言社团里的人们在日常生活和日常交际中经常地、普遍地使用的词,所表示的都是一些最常见的现实现象和基本概念。例如汉语的"水、菜、衣服、睡、吃、走、大、热、新"等。

(2) 稳固性。基本词汇中的词大多是自古就有的,人们世世代代都在使用,较少发生变化。例如汉语三千年前的甲骨文已经有了"牛、羊、马、酒、日、月、雨、雪、风、见、杀、大、小"等词,这些词自古至今都是常用的。

(3) 构词能力强,是构成新词的基础。基本词汇大多由一个词根构成,所表示的词义在语言的词义系统中一般都是重要的,因此这些词根容易成为构造新词的基干。比如英语的 water(水)参与构成了 watercourse(水渠)、waterer(给水器)、waterfall(瀑布)、waterfoul(水鸟)、waterline(水线)、watermark(水印)、waterscape(水景)等多个合成词。

三、一般词汇

基本词汇之外的词汇属于一般词汇。一般词汇的主要特点是:不是全民常用的;或者虽然在短期内为全民所常用,但不稳固,容易发生变化;构词能力不强甚至没有构词能力。一般词汇所包含的词数量大、成分杂、变化快,社会的发展变化首先会在一般词汇中得到反映。

一般词汇主要包括以下一些类型的词:(1) 新词(如"创业板"、"知识经济");(2) 古词(如"吾辈"、"抵牾");(3) 外来词(如"葡萄"、"可口可乐");(4) 行业用语(比如出版界用语"印张"、"开本");(5) 科技术语(如数学术语"函数"、"微分");(6) 方言俚语(如"遛弯儿"、"靓仔")。

四、词的词汇意义可以区分哪些层次？

词的意义可以分成两类。表示语法关系的意义叫语法意义（如语法范畴"性"、"数"、"格"等，词类配列的语法意义"支配"、"修饰"等），这由"语法"分析；而我们通常说的"词义"是指词的词汇意义，它是语义研究的基础。

词汇意义的主体部分是词的"概念意义"，也称词的"理性意义"，词的概念意义是词义的核心；此外，词汇意义还包含感情色彩、语体色彩、象征功能等其他与概念义相关的意义。

词的概念意义是指说一种语言的人在对现实世界的认知中形成的共同的主观映像。这包含几个方面：首先，它是对现实世界中各种现象的分类和概括反映；其次，它对于说一种语言的所有人来说是共同的；最后，它必须与某种语言的特定声音相结合。词的概念意义有的是概括地反映了各种客观物质现象，也有的是反映主观心理现象或主观的观念，如"喜"、"怒"、"哀"、"乐"，以及"仙女"、"魔兽"等。不管这些词的概念意义是反映的客观存在的物质现象还是主观心理现象，在使用中指代的都是说话者的心理现实。

词的感情色彩等其他意义是附着在词的概念意义上的。对于同样的现实现象，人们的主观态度可以不同，因而在形成理性意义的时候可以带进人们的主观态度，这就给词义加上了一层感情色彩。

语体色彩是应言语交际有多方面不同的"得体"需求而产生的，如口语体和书面语体，前者适用于朋友之间等随意的、面对面的私人交际的场合；后者适用于教育、学术、宗教等领域和国与国之间、上下级政府或机构之间等严肃、正式的非私人性交际场合。

词的象征意义常和语言的民族文化特征相关，比如"喜鹊"在捷克语中叫 straka，基本概念和指称与汉语的"喜鹊"是相同的，但在捷克语中却是小偷小摸的象征，与在汉语中喜庆的象征意义大不相同。

五、词义的概括性特点

词义是对现实现象的概括反映，概括性是词义的一个重要特点。我们可以从以下三个方面理解词义的概括性：

1. 词义对现实现象的概括具有一般性

现实现象是纷繁复杂的，人们要达到认知现实的目的，首先要做的就是对现实现象进行切分，把有共同特点的现象归为一类，然后用语词把它包装起来，加以命名，从而把它和其他现象区分开来。词或名称是用来标志一类事物的符号。它有两个方面,一个方面是它有一个所指的范围,另一方面是它所指称的动词具有共同的特征。在分类过程中,人们所着眼的是一类事物内部所具有的带有普遍性和一般性的特征,而把具体的一个一个的事物所具有的特殊性和个性忽略掉了。具体的事物虽然千差万别,如果一种语言给予它们的命名相同,说这个语言的人就认为它们是一种东西。

比方说,现实世界里没有哪两只鸟是完全一样的,它们总在种类、颜色、形状、大小、习性、野生还是家养等某个或某些方面存在差别,而汉语统统用"鸟"这个词来概括表示。"鸟"这个词的意义就忽略了它们在种类、颜色、形状、大小、习性、野生还是家养等各种特殊性的差别,只概括地反映所有鸟所共同具有的一些特征,比如"卵生、全身有羽毛、嘴内无齿、胸部有龙骨突起、两翅两腿"等,从而把它们跟虫、鱼、兽等其他的动物大类区分开来。

关于词义的一般性有以下三点需要注意:(1)强调词义具有一般性,并不否认语言有必要的手段表达人们对具体事物的特殊性的认识。比方说,语言可以用复合词或词组来表示对事物的进一步分类或直指某一个体,例如汉语有"黄鸟、海鸟、蜂鸟、鸵鸟"等复合词,如有必要,我们还可以说"南美洲的蜂鸟"、"那一只蜂鸟"等。(2)在某一具体词的词义所指称的事物范围内,有典型的样本和非典型的样本之分。例如,在汉语的"鸟"这个词所指称的范围中,会飞的"麻雀"是典型的样本,而不会飞的"鸵鸟"则不是典型样本。(3)词义的概括把特殊的、复杂的东西概括成了一般的、简单的东西,这在复合词所表示的意义中看得更加清楚。例如"挂失"这个词概括了一种活动,《现代汉语词典》对它的解释是:"遗失票据或证件时,到原发的机关去登记,声明作废。"

2. 词义对现实现象的概括具有模糊性

所谓词义的模糊性是指,通过概括而形成的一般的、简单的东西,本身往往带有一定的模糊性,词义的指称只有一个大致的范围,没有明确的界限。为什么词义具有模糊性呢?原因在于现实现象是复杂的,其差别的大小往往是连续性的,用离散的语言单位"词"对现实现象的切分和归类也只能是大致的,不可能做到丁是丁,卯是卯。例如汉语者通过"鸟"和"兽"这两个词,可以把许多动物区分为两大类,但是遇到"蝙蝠"这种既像鸟又像兽的动物,就会发现语言所区分的"鸟"和"兽"是有模糊地带的。再比如人的年龄可以划分为"童年、少年、青年、中年、老年"五个阶段,在汉语中可以用这五个词来表达,但每个词所指具体年龄段的分界却是模糊的。比如58岁算中年还是算老年?38岁算青年还是中年?这五个词无法为我们提供明确的答案,有明确划分年龄段的需要时只能运用词组或句子专门定义。

虽然词义具有模糊性,但词义所概括反映的现实现象的中心和典型是清楚的,例如我们不会怀疑20岁属于青年,80岁属于老年。从交际的角度看,一个词的意义所指现象不仅有一个大致的范围,还隐含有与其他现象区别开来的特征。词义的中心和典型样本清晰,具有区别于其他词义的特征,对于保证交际的正常进行是十分重要的。在交际中,语义表达既需要在需要明确的场合明确,又需要在不需要明确的时候模糊。词义的模糊性为语言满足交际的要求提供了必要的弹性。

3. 词义对于具体语言社团而言具有全民性

"语言实质上之表达普遍的东西,但人们所想的却是特殊的东西、个别的东西。"社会中的人群由于阶层、性别、年龄和社会分工的不同而使语言社团产生不同的分支,这就允许不同的人对同一个词的词义有各自不同的理解。然而词义里面通常有为全社团所有成员认可的普遍性的东西,这是保证交际正常进行的基础。比如,汉语中"鸟"的词义,对于汉语社团所有成员来说会有一个共同的通俗的核心词义,而动物学家则会有更加科学、更加精准的定义。

总之,词义对现实现象的反映是一种抽象的、概括的反映,而一般性、模糊性和全民性则是词义概括性的三个重要的表现形式。

第二节 词义的各种关系

一、多义词

多义词与单义词相对;多义词指的是一个词有多个意义,它们概括反映相互有联系的几类现实现象,比如"月"的意义有"月亮"、"像月亮形状的"、"时间单位"等。单义词是只有一个意义的词,比如"椅子"。

一个词在刚开始产生的时候大多是单义的,在使用中,与它相关或相似的一些现象也逐渐开始用它来表达。如果这种新的用法逐渐固定下来,新的词义也就产生,单义词也就变成了多义词。

多义词产生的根本原因是不同的现实现象之间存在着这样或那样的联系,语言社会有可能在有某种联系的两类现象之间建立固定的联想关系,进而用指称甲的词去指与它有联系的其他现实现象。产生多义词,让一个词兼表有联系的几个意义而不必另造新词,这符合经济的原则。

多义词有若干个不同的意义,这些意义的地位是不一样的,有"本义"

"派生义"的不同,"中心义"和"非中心义"的不同。"本义"指一个词有历史可查的最初的意义,它是这个词产生其他意义的基础。"派生义"指一个词由本义衍生出来的后起意义。"中心义"则是从共时来看最常用的意义,是离开上下文人们就能知道的那个意义。要注意的是,"本义"是历时出发定义的,"中心义"是从共时(一般是现时)出发定义的,两者可能重合也可能不重合。比如,"手"的本义和现代汉语的中心义都是"人体上肢手腕以上的部分",而"脚"的本义是"小腿",现代汉语的中心义却是"人体下肢踝骨以下的部分"。本义和中心义的不一致,是由于在语言的发展过程中,某一个后起的派生义越用越广,逐渐占据了词义的中心地位,本义逐渐退居次要地位甚至完全废弃不用。

多义词虽然有几个意义,但在使用中人们一般不会无从断定,因为上下文往往使多义中的一个意义显示出来,排除了其他意义。例如汉语的"快"是多义词,"他跑得快"中的"快"只能指"速度高","这把刀很快"的"快"只能指"锋利"。这样,多义词既可以大大减少语言符号的数目,使得作为人类最重要的交际工具的语言更加便于运用,同时每个意义各有自己的上下文限制,又使得同一个词用于不同场合而不会引起意义上的混淆和误解。

二、词义派生的条件

词义的派生有现实的基础,派生义和派生它的那个意义所指的现象在某一方面有联系,这种联系是词义派生的现实理据。现实现象之间的联系是广泛而复杂的,到底哪一种联系受到某个具体语言社团的关注,被用来作为派生新义的线索,则与该语言社团的生活环境、劳动条件、风俗习惯以及思维模式、已有语言成分之间的相互作用等多种因素有关,也有一定的偶然性。因而,表达同一类现实现象的词义在不同的语言中各有自己的派生历程。

例如,英语的 window 本义是"窗户"、"窗口",近几十年它派生出了"计算机桌面操作系统"的意思,比如 windows95/98/2000 等,这一派生的理据是,这些操作系统在计算机的屏幕上打开的界面很像窗口。而汉语社会原本并没有在"窗户"和"计算机操作系统"之间建立联想关系,"窗"也就没有汉语自发产生与计算机软件相关的新义。不过,汉语社团通过意译的方式引进了英语的这一派生义,让汉语者认识到了这一意义关联,比如汉语中新出现了"视窗 95/98/2000"等意译新词。

总之,多义词的派生义和派生它的意义之间存在内在的联系,而两者表示的现象之间的共同特征则是建立这种联系的桥梁。派生意义就是顺着这样的桥梁,从本义一步一步扩展开去的。

三、隐喻和转喻

派生义产生的途径就是一般所说的引申。引申大体上可以分成隐喻和转喻两种方式。

1. 隐喻的基础是不同现实现象之间的相似关系。常见的相似关系有形状相似和结构相似两种类型,一般是以比较具体意义为基础扩展到比较抽象的意义,在不同的意义领域之间建立起相似关系。例如,汉语的"碟"原本指一种"圆形、较浅的盛食物的器皿",后来用来指外形相似的而功用不同的其他新生事物,"飞碟""光碟"等,这一引申基于外形的相似。而汉语"入门"的本义是"进门"(尚未登堂入室),是进入家居逐渐深入的不同行进阶段中的开始阶段,而"读书学习"也可分为逐渐深入的不同阶段,两类现象在具有"逐渐深入的不同阶段"这一结构关系上相似,于是"入门"从"进入家居的开始阶段"这个意义引申出"学习的开始阶段"(还不是深造阶段)的派生义;这一引申基于结构的相似。

隐喻产生的意义,实际上是从一个词长期的比喻用法获得的。最初使用这个词比喻某事物,具有一定的偶然性,而后得到社会的承认,大家都这样使用,两个事物或两种现象就因为某种相似性固定地联系了起来,一项新的意义就产生了。

2. 转喻反映的是两类现实现象之间存在着某种相关关系,也即人们由现象甲总是可以找到现象乙。有相关关系的现象由于在人的认知中经常共现而常常固定化,因而人们经常可以用指称甲类现象的词去指称乙类现象。转喻有以下几种常见类型:

(1) 工具—使用者,例如"笔杆子"指"写作者";(2) 材料—制成物,例如英语的 pen 原义"羽毛",后指"羽毛做成的笔",现在泛指"笔";(3) 产地—产品:例如"茅台"是镇名,现在更多用来指该镇出的酒;(4) 地点—机构,例如"白宫"指"美国总统府",又指"美国政府";(5) 商标—产品,如"飞鸽"指飞鸽牌自行车。

转喻的类型还有更多的类型,十分多样。比如"而立"指三十岁,"不惑"指四十岁,"知天命"指五十岁;是因为孔子说过"三十而立,四十不惑,五十而知天命"这样的话。又比如汉族人把88岁称为"米寿",是因为汉字"米"可以拆出"八""十""八"三部分的缘故。许多词义的产生,如果都这样追根寻源的话,我们会发现词义引申的许多有趣现象。

四、同义词

同一个词固然可以表示若干个不同的意义，形成多义词；不同的词也可以有相同或相近的意义，形成同义词。这是语言词汇系统性的两种不同表现。多义词反映出一个词内部各个意义之间的关系，同义词反映出不同的词之间的一种意义关系，两者交织在一起，使语言的词汇语义呈现出成系统、分层级的网络。

所谓同义词就是指几个语音形式不同而意义基本相同或相近的词。比如汉语的"安静"、"清静"、"幽静"和"寂静"是一组同义词，表示的都是"静"的意思。同义词的各个意义所概括反映的现实现象必须是相同或基本相同的。为什么同一种现实现象或大致相同的现实现象需要用不同的词来概括反映呢？首先，同义词所概括反映的现实现象虽然一致或基本一致，但强调的重点或凸显的方面有所不同，在理性意义或感情色彩等附加义方面有细微差别。比如，"清静"强调的是"没有打扰或不受打扰，保持单一、单纯"的静，"幽静"强调的是"僻远、隐蔽、雅致"的静，在理性义上有细微差别。"死"、"去世"、"辞世"、"逝世"则在风格色彩等附加意义上有差别。

还有几个问题需要注意：

第一，等义词是一种特殊的同义词，它们是词的理性义和附加义都几乎完全相同的词。比如"番茄"和"西红柿"，"公尺"和"米"，"扩音器"和"麦克风"等等。语言中的等义词是很少的，它们大多是借用方言词或外语词的结果。由于语言的经济性排斥可有可无、重复臃肿的东西，等义词在语言中大多不能长期存在。语言系统对等义词有两种主要的调整策略：一是只留一个，淘汰其他；比如手机这一新生事物出现后曾经有"移动电话"、"大哥大"、"手机"等多种名称，现在，"手机"成为唯一胜利者的倾向已经十分明显了。另一是意义或风格色彩进行新的分工，比如现在"大夫"越来越倾向于用于口语、面称，而"医生"则倾向于用于书面语、背称。

第二，需要把词义的"同义关系"与词义的"上下位关系"或"包含关系"区分开来。上下位关系由指称大类事物的词和指称大类事物中某一小类的词来放映，例如英语的 fruit 和 apple，汉语的"鸟"和"麻雀"。包含关系由指称整体的词和指称整体中的一部分的词来反映，例如汉语的"桌子"和"抽屉"。上述成对的词都不是同义词。

第三，词内部的多义关系和词之间的同义关系是有关系的。语言中多义词的各个意义差不多都可以和别的词的某个词义构成同义关系。比如汉语的"老"是个多义词,它的每个意义可以分别跟"死"(隔壁前天～了人了)、"陈旧"(～的机器)、"(食物加工的)火候大"(鸡蛋煮～了),"长久"(～没见他了)、"经常"(人家～提前完成任务,咱们呢!)、"很"(～早、～远)等构成同义词。

第四,同义词意义的细微差别,往往会影响到词的搭配习惯。例如"爱护"和"爱戴"的搭配不同,前者可用于"上对下"和"下对上"或其他无生命的对象,后者只能用于"下对上"而且不能用于无生命的对象。词义附加色彩方面差异,也往往会影响到词的搭配和运用范围。

五、反义词的两种主要类型

语言中有很多意义相反的词,叫作反义词。例如汉语的"大—小"、"正确—错误"等。反义词是现实现象中矛盾的和对立的现象在语言中的反映。

反义词有两种常见类型,即相对反义词(也称"程度反义词"或"等级反义词")和绝对反义词(也称"相反词")。相对反义词所反映的对立中间留下空白,可以插进别的成员。例如"大"和"小"中间可以插入"中","热"和"冷"之间可以插入"温"、"暖"、"凉","黑"和"白"之间可以插入"灰",等等。而绝对反义词是非此即彼的对立,例如"正"和"反","男"和"女","真"和"假",等等。它们分尽了一个共同的意义领域而不留空白。

要特别注意的是反义词也有"同"的一面,必须有共同的上位词并且感情色彩、音节数目相同的词才能构成反义词。

六、什么是词义的上下位关系?

词义的上下位关系指词义反映的现象之间具有包含和被包含的关系。上位义所概括的现实现象比下位义外延广。而下位义比上位义的概念义内涵属性更丰富,除了继承上位义的所有属性外,还有自己特有的属性。例如,树/松树、柳树、杨树、槐树,斜线后的下位词的概念内涵更丰富。词义的上下位关系可以有多个层次,如植物—树—杨树—白杨树。

语言中词义的上下位关系大致等同于逻辑上的种属关系,上位义相当于逻辑上的种概念,下位义相当于逻辑上的属概念。但词的上下位关系又不完全等同于逻辑的种属关系,因为不同语言中有哪些上下位词是不同的。这说明不同语言有不同的分类方式。例如,汉语的"钢琴"、"小提琴"、"长笛"等之上有"乐器"这个上位词,但英语没有单独的词表达这个上位义,要用"musical instrument"这个词组表达。汉语"钢笔"与"粉笔"共有上位词

"笔",而英语的"pen"与"chalk"没有上位词。爱斯基摩语没有和汉语"雪"相当的词,但有许多表达不同类型的"雪"的词。

词义的上下位关系要和词义表达的整体和部分的关系区别开,如"汽车"和"方向盘"、"发动机"、"离合器"等不是上下位的关系。词义的上下位关系还要和词义表达的团体和成员的关系或单位和部门的关系区分开,如"消防队/消防员"是团体和成员的关系,"大学/系"是单位和部门的关系,都不是上下位的关系。

七、语义特征和语义场

语义特征,也称"义素",原本是仿效音位区别特征的分析,通过一组意义有联系的词的意义对比而找出的最小意义成分。为了与音位、音素、区别特征等语音层面的术语平行,教材修订版采用了"语义特征"这一术语。

语义特征基于这样的假设,词义还不是最小的语义单位,它可以分析为更小的一束语义特征或语义成分。方括号中大写的形式标记语义特征。用大写的形式,是强调这些语义特征具有超越具体语言中的词汇的一般性,语义特征不具有语音形式。语义特征还常常用二分的标记方法表示,这种描写方法可以更清晰地看出词义间的关系。下面例子中 FEMALE 和 MALE 是一对区别性语义特征,ADULT 和 NON-ADULT 也是一对区别性语义特征,所以可以用下面的形式表示:

```
woman   [+FEMALE]   [+ADULT][+HUMAN]
man     [-FEMALE]   [+ADULT][+HUMAN]
boy     [-FEMALE]   [-ADULT][+HUMAN]
girl    [+FEMALE]   [-ADULT][+HUMAN]
```

这样,上面的例子中的四个词使用了三个语义特征。这种分析方法很像音位的区别特征分析。可见,语义场的构成是以共同的语义特征为基础,同时,语义特征的提取也离不开同一义场中词义的比较和辨析,二者相互依存。由于抽取的共同的语义特征不同就会构成不同的义场,因此不同的义场会有层级关系或交叉关系。上下位关系的词义就是分属于不同层级的义场。

具有相同的语义特征的一组抽象的语义单位所构成的集合就叫作语义场(semantic field),它们相互联系又相互区别。同一义场内的语义单位相互有一定的制约关系,体现了词义的系统性。

这里要说明的是,通过实践,语言学家越来越认识到,仅仅单独适用仿效音位区别特征的语义特征分析法,只适用于少数封闭性很强或成系列的语义场(比如亲属关系或军衔),范围相当有限。而那些属于高层级语义场的[±有生]等语义特征,从词语搭配的组合角度着手进行对比分析,会更加容易获得①。另外还要注意的是,某个具体语言词义系统的语义特征和语义场,不同于超语言的概念语义受各自词汇系统的制约而各不相同。

目前,兼用其他途径的语义特征分析和语义场网络系统的建设,无论是针对超语言的概念系统的,还是针对某一种具体语言的,正在蓬勃兴起。这是因为,互联网等新的交际工具的出现,使得信息和人类知识正在迅速膨胀。面对日益增加的海量信息,人们怎样才能"检索"到自己所需的信息,已经成为时代对语言学提出的新任务。完成这一任务的希望就在于语义和人类知识的形式化,而语义特征和语义场就是语义和人类知识形式化的主要途径。

语义特征与语义场密切相关:下级的、较小语义场的语义特征蕴含上级的、较大的语义场的语义特征。比如"动物"是"有生物"的下级义场,那么具有[＋动物]特征的词就一定具有[＋有生]特征。语义特征不仅与词的聚合有关,也与词的组合有关,比如能够出现在"他赶制完了＿＿"的语境中出现的一定是具有[＋人造物]特征的名词。

根据目前的研究,基于具体语言或基于概念的语义场应该是网状的。在语义网络中既有层级高低的上下位关系,比如"麻雀、乌鸦、画眉"等属于"鸟"这个义场,"鸟"之上有"动物"义场,"动物"之上有"有生物","有生物"之上有"自然物",形成"鸟—动物—有生物—自然物"的层级;也有根据不同特征划分出的下级语义场彼此交叉的关系,比如"动物"还可以根据[＋家养]分为"豢养动物"和"非豢养动物",于是"麻雀"就又属于动物之下"非豢养动物"的子义场。不同的动物义场还跟不同的动词、性状词、其他名词相关联,比如"鸟"与"飞"、"鸣",与"羽毛"、"蛋"等有特殊关联。

总之,语义特征为不同语义场的聚类和网络关系提供了理据,语义场的研究又反过来为语义特征的提取和确定其在语义层级网络中的位置提供了依据。语义特征和语义场的研究是语言学研究走向语义形式化分析的重要标志,其分析方法早已超出教材上介绍的方法。有兴趣的同学可以上网浏览基于汉语的知网(Hownet,董振东等建立,http://www.keenage.com/)

---

① 可参考王洪君《从两个同级义场代表单字的搭配异同看语义特征和语义层级——以"锅"和"碗"为例》,《世界汉语教学》2010年第2期。

和美国著名的 wordnet 系统。

语义特征和语义场网络系统的研究是个新课题,还有许多问题亟待解决,比如到底如何确定语义场,如何确定语义特征,学界还在探索。其实,语义场虽然是个新名词,但在我国的研究却有悠久的历史,只不过那时的人们并没有提出这个概念,还缺乏系统的理论、方法上的论述。比如我国历史上的《尔雅》、《方言》其实就是按语义场的方式来排列词目、使之成为一个个聚合的;我国文字学的开山之作《说文解字》,从字形结构的角度给字(在古代汉语中基本上对应于词)归类,把有同一偏旁部首且意义有联系的字归为一类,这些同部首的字,其实就是我们祖先对共同语义特征的认识的一种反映,相当于一个概括很宽泛的语义类。今天我们研究汉语的语义场网络体系,不妨回过头来看看汉语语义研究的传统,从中或许能得到一些启示。

第三节 句 义

一、词语搭配成立的条件是什么?

词义的组合是通过词语的搭配(组合)来实现的。词语的搭配一方面要受到语法规则的支配,另一方面也要受到语义条件的限制。

只有一般性、概括性特点的词一进入句子,就需要和具体的、特殊的现象相联系,从一般回到个别。这时,在概括的词义中具有的语义特征就有的凸显,有些隐去。

1. 词语搭配成立的最重要的语义条件是要符合现实的理据。"那个孩子在玩一个皮球"可成立语义组配,符合理据,"孩子"具有[＋有生性]这个语义特征,可以跟"玩"组配。而"月亮在玩一个皮球"就不符合理据了,"月亮"具有[－有生性],不能和"玩"组配。我们这里谈的理据主要是以日常语体的语言运用为准,而童话或幻想小说等文学创作语体的语言运用在一定程度上不受限制,例如"那只兔子对艾丽丝说了一句话"中词语的组配在童话中是成立的。

2. 词义组合的语义条件还要受到语义场中其他成员的制约。处于同一语义场中的成员,它们之间是相互制约的。假定有甲、乙、丙三个成员,甲意义的搭配关系不仅决定于它自己,而且还决定于它与乙、丙的关系,受乙与丙的制约。例如,古汉语中,洗浴类动词和名词的搭配最早是"洗—足"、"浴—身"、"澡—手",发展到现代汉语,这种搭配已经不固定了,"浴"和"澡"退出了跟名词的直接搭配关系,于是"洗"的搭配范围就扩大了,取代了原来

"浴"和"澡"的搭配功能。

3. 在符合词语搭配的现实理据基础上,词语的搭配还要考虑一个语言社团的词语使用习惯,即所谓"惯用法"。例如英语中,"昨天下午"是 yesterday afternoon,"昨天夜里"是 last night,但一般不说 last afternoon 和 yesterday night。汉语中可以说"狼嚎",不说"虎嚎",可以说"蚊子叮了一下,"不说"蚊子蜇了一下"。

4. 词语的搭配还涉及词义的各种附加色彩和修辞效果。例如带有褒义的词不能用于贬义,常用于口语的词不大和书面语词掺和,庄重的文章钻进轻佻或者诙谐的字眼就会破坏全文的格调。语言词汇里面的词都带有自己的使用特点,所以词的组合特别要求选词恰当。这是对词语搭配的更高要求了。

二、什么是句子的语义结构?

句子内部各组成成分之间的关系可以从多个层次加以研究。句子具有句法结构,跟句法结构相应的另一个分析层次是语义结构。

语义结构是依据语言成分与人类经验的映像关系得出的。虽然人类经验古往今来变动不居,但是说每种语言的人们,却把外部世界"场景"千变万化的现象或事件分析为"物体"和"动程"之间的一些有限关系类型。

"物体"具有稳定性、空间性和离散性等特征,在语言中一般由"体词"表达,而"动程"具有可变性、时间性和连续性等特征,在语言中一般由"谓词"表达。场景中的事件可以从"动程"和"物体"之间关系的角度加以描述。"动程"与"物体"之间的相互关系可以抽象为有限的若干种类型,在语言上由有限多的"谓词—体词"关系类型(一般称作"动—名"关系)来表达,这就是句子的语义结构。一般语义结构是以动作行为为中心组织起来的,用公式可以描述为 $V(x, y, z, \cdots)$。语义结构中谓词义和体词义之间的搭配规则就是句子的语义规则。

对于句子语义结构的研究,一般要涉及以下三个方面:

(1) 位于"谓词—体词"语义关系中的名词性成分称之为"语义角色",它具有高度的抽象性。比如,动作的发出者与动作的承受者就是两种语义角色;

(2) 不同的语义角色可能需要具有不同的语义特征的名词来担任,比如不少动作需要发出者是有生命力的(记做[+有生]);

(3) 不同语义角色与句子的句法结构(在汉语中主要体现为"动—名"

的相互次序)有关联。

三、如何理解"使动"?

"使动"是"动程"的一种。动程主要涉及两种类型的事件,一种是简单事件,例如,"猴子玩苹果/他跑了";另一类是使动事件,如"惨案震惊了世界"。

"使动"或称"致使"范畴,是今天句法语义和语言类型学研究的热点问题。致使范畴的定义采用的是一种双事件的分析方法,使因事件 A,和结果事件 B,构成了致使事件的场景。A 事件和 B 事件之间的因果关系,导致了致使事件的产生。致使场景有两个特点:(1) 包含两个或以上事件,如,I broke the vase ＝ I made the vase break. 或 I caused the vase to break. (2) 两个事件存在作用—效应关系,事件 1 导致事件 2,或事件 2 因事件 1 而发生。事件 1 叫致使事件(causing event),事件 2 叫结果事件(caused event)。比如:I persuaded John to leave 中的致使事件是 I persuaded John, 结果事件是 John left。

有些语言表示致使关系有明显的形态结构,如土耳其语和日语,词尾能系统地区分动词的使动用法和非使动用法,如区分"使＿＿吃"和"吃",前者相当于英语中的 she makes him eat,例如土耳其语中的-t 和-dur. 可以附加到动词后得出对当的致使形式。如:ol(死亡)～ol-dur(杀死);goster(展现)～goster-t(使展现)

有些学者把"使动"视为一个抽象的底层范畴,由此派生出"表层"动词组,或者从"使动"的角度给动词进行分类,如英语中的 kill 和 die。

四、常见的语义角色应该如何理解?

1. 施事　自主性动作、行为的主动发出者。有两种施事,第一种是主要的,一般具有"有生性"特征,如"那个孩子吃了一个苹果"中的"那个孩子";第二种是"自然力",如"洪水冲毁了堤坝"中的"洪水"。

2. 受事　因施事的动作行为而直接受到影响的事物。一般指事件中自发动作行为所涉及的已存在的直接客体,主要是与人的动作行为相关的客体,也可以是自然力所涉及的客体。实例如前面两个例子中的"一个苹果"和"堤坝"。

3. 与事　施事所发动事件的非主动参与者,最常见的是因施事的行为而受益或受损者。如"我跟小李借了一本书"中的"小李"。

4. 主事　性质、状态或发生非自主变化的主体。如"油画很漂亮/那个人干干净净的/水开了"中的"油画"、"那个人"和"水"。

5. **致事** 事件或变化的引发者。往往涉及一个复合事件。如"那头公牛撞翻了斗牛士"中的"那头公牛"。

6. **工具** 动作、行为所凭借的器具或材料，一般具有无生性特征。如"那个人用改锥撬开了箱子/小李用木料做了一个箱子"中的"改锥"和"木料"。

7. **方所** 动作、行为发生或开始、结束的场所、方位或范围。如"世博会在上海开始举办了"中的"上海"。

8. **时间** 动作、行为、事件发生或开始、结束的时点，延续的时段等。例如"大会九点开幕了"中的"九点"是一个时点，而"大会开了两天"的"两天"是时段。

五、如何理解语气和情态？

"语气"和"情态"，不同学者和不同的教材的阐述有不同，我们定义如下：

1. **语气** 语气是表达"句子的言语交际作用"的范畴，传达说话者的主观交际互动要求，几乎所有语言的句子都可以区分为"陈述/疑问/祈使/虚拟"等不同语气①。陈述语气表示"说话者要告知受话者信息"，疑问语气表示"说话者向受话者询问信息"，祈使语气表示"说话者要受话者做或不做某事"，虚拟语气表示"说话者告知受话者相关的想象和不现实的情况"。

语气范畴大多用特定的句型和/或虚词来表达。比如汉语的"V 不 V"句型、英语的"定式动词＋主语"句型，汉语的"谁、哪个、哪里"或"吗"，英语的 WH-成分等，都是用来表示疑问语气的。而祈使句则以没有主语、用原型动词(无形态变化或不加时体助词)最为常见，如 Go out!"快走!"但是，在具体的语言运用中，为了使祈使更加委婉，也常常换用疑问句式来缓和语气，比如 Would you like to go?"能走快一些吗?"

2. **情态** 情态是体现"说话者对所言的主观看法"的范畴，主要表达"必要性，可能性，必然性"等方面。对句子命题内容的看法主要由情态助动词、情态副词或"我认为/我相信/我肯定/我确信"等小句来体现。句子可以提供若干种不同的选择，表达出"肯定、含糊，推测"等主观信息。例如：

    小刚上学去了。（肯定）

    小刚一定上学去了。（很肯定）

---

① 有的语法书所列的语气还有"感叹"，但也有不少语法书认为"感叹"只是"陈述"语气的一个次类。本书取后一种看法。

小刚上学去了吧。(猜测,不肯定)

小刚可能上学去了。(猜测)

我认为小刚上学去了。(主观认为)

上面这些句子表达的意义中涉及同样的一个事件。但说话者对于句中描述的事件与真实世界的关系所持的态度却有不同。上面第一句采取的是比较客观陈述的方式,说话者对事件的真实性确定无疑,其他都增加了说话者的主观态度的表达。

六、如何区分句义的蕴涵、预设?

可以参照下面的表格①区别蕴涵和预设(T 表示"真",F 表示"假","→"表示"如果——那么")

蕴涵关系			预设关系		
句子 a		句子 b	句子 b		句子 a
T	→	T	T	→	T
F	←	F	F		T
F		T/F 或真或假	−(T/F) 无所谓真假	←	F

可以这样理解,否定一个句子一般不能否定相关的预设,而否定了一个句子的蕴涵,往往就否定了这个句子的意思。例如:

句子 a 蕴涵句子 b:a. 张三买了两斤苹果。b. 张三买了水果

句子 a 是句子 b 的预设:a. 存在一个叫颐和园的地方。b. 张三陪哥哥逛了颐和园。

第四节 语 用

一、语境有哪些类型?物理语境主要有哪些要素?

进入言语交际的句子不再是孤立的语言单位。它是话语中的一个片段,反映的是与语境、特别是说话者相关的特定人类经验的信息。反过来

---

① 参考 Kempson,R. M. 1975,*Presupposition and the Delimitation of Semantics*. Cambridge University Press.

说,由于这些特定信息中包含有与物理语境、话语语境和共同背景知识语境相关的因素,因此理解这些特定信息也就需要这些语境的支持。语境的含义有三个方面:

(1) 物理语境,又叫作"言谈现场"。物理语境指话语的说话者/受话者、说话当时的时空及这一时空中的所有存在。话语需要与言谈现场的说话者、受话者以及说话时空及其存在正确地关联,才能准确地传递和被理解。

(2) 话语语境。话语语境是指一个连贯的言语事件中前面或后面的话语(如交谈双方前面说过的话,小说中的上下文)。某些代词的指代对象,某些句中省略的内容,并不在话语的物理语境中存在,但可以从话语语境中推断出来。

(3) 语境还包括说话者和受话者的背景知识,也包括语言知识之外的生活常识和社会历史文化知识。以上这些知识可以理解为是话语理解成立的广义的"预设"。

二、如何理解"话题"?

"话题"是篇章语用层面的一个概念。可以从以下三个方面加以理解:

1. 话题和说明

说话者向受话者说话,一定是要向他传达一定的已知信息,这个信息一定是关于某个实体(包括特定时间、空间)的信息,可称作"信息的基点"。一个句子中句义信息所关涉的那个实体是句子的"话题",针对话题展开的句子其他部分是"说明"。

2. 话题具有"有定性"

说话者所选择的信息关涉对象,一般是"有定"的。所谓"有定",是指说话者所认为的听说双方都可以确定所指的实体,以这个有定实体为基点添加新的信息内容,才能更好地向受话者传递说话者在听说双方共有知识的基础上所要传达的信息。常举的一个例子是,"客人来了"这句话以"客人"为话题,用来表示"客人"是说话者、听话者计划内的来访者,即"有定"的来访者。而如果改用"来客人了"这句话,则表示来客是听说双方计划外的不速之客。

3. 话题的句法表现

不同的语言中,话题的句法表现不同。最常见的有两种情况,一种是用专门的虚词来标记,一种是用句子中特定的位置来标记。比如,日语有专门标记话题的助词は(wa)。比如:

日语：　　象は　　　　鼻が　　　长い。
汉译：　大象（话题）　鼻子（主语）　很长

这句话中，"象"是说话者要谈论的实体，要传递的是关于大象的信息。"鼻が长い（鼻子很长）"是对大象的说明，是有关大象的信息的展开。"鼻（鼻子）"是与句子谓词"长い"直接相关的实体，是句子的主语。话题也可以是时间或地点成分。比如日语句子"今日は 私は 家にいます（今天嘛，我在家）。"

汉语中，如果使用正常语调和一般句式，则从句首开始往后看的第一个担任语义角色的成分是话题。比如句子"大象鼻子长"中的"大象"是话题，"鼻子，大象的最长"中的"鼻子"是话题。句子"今天嘛，我在家"中"今天"是话题，"我今天在家"则"我"是话题。

三、"话题链"是怎样形成的？它和篇章的组织方式有什么关系？

句子的话题是说话者选择的传递信息的基点，而这一选择跟说话者对整篇话语的信息组织结构有关。整篇话语中各个句子的话题往往有内在的联系，组成"话题链"。"话题链"的构成主要有两个方面。一，同一个话题后面用词汇形式指代或用零形式追踪；二，跟次级话题或相关话题产生意义上的关联。

篇章把各个句子的话题联系起来，一个段落的信息有共同围绕的话题。再往大扩展，可以把各个段落的话题联系起来，整个语篇也有共同围绕的更大的话题。一个篇章有一个共同的篇章话题，使得篇章中的各个语段凝聚为整体；各个段落和段落中句子的话题，使得篇章的组织有了层次和结构。

相继出现的各个句子，如果话题或主话题相同，则后面句子的话题或者用代词指代，或者省略。汉语中省略的手段用得比较多，英语等语言则更常用代词指代。指代和衔接也是语篇凝聚连贯为篇的重要手段。

总之，话题在语篇组织方面有十分重要的作用。语篇基点选择不同，句子的意义也会有所不同。这种意义属于与说话人的主观意图和话语语境相关的语用层次。

四、"话题"和"施事"、"主语"有什么不同和关联？

这三个概念分别属于篇章语用、语义和句法三个不同层面。

1. 话题与施事

话题属于篇章语用分析层面，体现说话者选择哪个句法成分作为向受话者传递信息的基点,并且与整篇话语的组织有关;施事属于句子的语义结构分析层面,体现句法成分与现实世界中的物体—动程关系的对应关系。话题和施事都落到句子同一个成分上的情况比较多,但也有很多情况下两者不一致。例如,"张三中午饭吃了一盘饺子"这句话中"张三"既是施事又是话题,而"中午饭,张三吃了一盘饺子"这句话中"张三"仍是施事,而话题换成了"中午饭"。

2. 话题与主语

主语是单纯的句法结构成分,属于语法分析层面。在不少语言中由专门的格助词或名词的格变化标志出来。在具体句子中,话题与主语常常落在同一个句子成分上,但相反的情况也不少。从话题和主语有明确区分的语言看,除了话题的有定性外,话题和主语的明显区别是:主语与谓语动词有直接的密切关系,由担任施事、受事等中心语义角色承当;而话题则可以由担任外围语义角色的成分(时间、方所、工具等)承当,还可以与动词完全没有关系。

五、焦点和预设有什么不同?焦点是如何表达出来的?

人们之所以要说话,是为了向对方传递他们所不知道的信息,也即新信息。从信息的角度看,句子中的新信息是说话者所传递信息的重点所在,是说话者认为受话者不知道因此希望受话者特别关注的部分。这就是句子的"焦点"。

焦点是句子中说话者所认为的受话者所不知道的信息,那么,与之相辅相成,它一定与说话者所设定的受话者所知道的某些信息相关。句子传递信息所依赖的、说话者设定为自己与受话者都知道的那些知识就是"预设"。这里的预设是从进入言语交际的语境后,说话者设定的听说双方共同知识背景对句子会有什么影响的角度来看的。

句子的焦点,一定会用一些可以感知的手段标示出来:

(1) 语调重音,在会话中,焦点通过语调重音标示出来。例如,"小明吃了苹果",如果语调重音在"小明",那么"小明"就是信息焦点,回答的是"谁吃了苹果?"这样的问题,"有人吃了苹果"则是预设;如果重音在"苹果"上,则回答的是"小明吃了什么?"这样的问题,"小明吃了东西"则为预设。可见,一个句子的预设是什么,是和话语中的信息传递密切相关的。

(2) 句法形式,焦点还可以用句法形式表现出来,比如,汉语中的"是……的"的句式中,"是"后面的成分就是信息的焦点。在"我是昨天来的"中,"我来了"是预设,是说话者设定的受话者已经知道的知识,而"昨天"是焦点,是说话者认为受话者不知道的新信息。英语的"it is…that…"句式也是标示焦点的,is 后的成分为焦点,例如 It was yesterday that Bob came. 这句话中的 yesterday。

(3) 句法虚化成分,在有些语言中,焦点用专门的句法虚化成分来标示。如索马里语中,表示焦点的虚词 baa 放在名词后面,那么这个名词就是句子传递的信息焦点①。

Amina　　baa　　wargeyskii　keentay.
阿米娜　焦点标记　报纸　　　买
(是阿米娜买了报纸。)
Amina　　wargeyskii　bay(baa+ay)　keentay.
阿米娜　　报纸　　　焦点标记+她　买
(阿米娜买的是报纸。)

六、如何理解间接言语行为?

现实中的话语,常常具有超越直接言语行为的其他的言语行为功能,这称为间接言语行为。例如,请求的言语行为常常并不使用祈使句,而使用疑问句。同样,陈述句也可以表示命令,询问等言语行为,祈使句也可以表示感谢、道歉、祝愿等行为。因此间接言语行为的表达和句型没有必然的关联。

现实中的话语属于哪种言语行为,在很大程度上取决于语境。同样的话语,在不同的语境中,可能会是不同的言语行为。间接言语行为是非字面的意义具有的行为功能。听话者依据对语境条件的把握,并参照会话中的合作原则,能够通过语用推理领会间接言语行为表达的意思或意图。

间接言语行为一个重要的目的是要符合会话中的礼貌原则,使说话者语气更加委婉,从而维系听话者和说话者之间正常的人际关系。同样的请求行为,使用祈使句的直接言语行为要比用疑问句的间接言语行为更带有命令性,容易伤及听话者的"面子"。当然,采取哪种表达方式更适当,也要看说话者和听话者是什么样的社会关系,如直接言语行为表达请求在熟识的朋友之间的对话中,可能就更为得体,有时使用间接言语行为反而表现出一种疏离和冷淡。

---

① 此例引自 John I. Saeed, *Semantics*, Blackwell 2003,189 页。

练习与思考

一、名词解释

基本词汇　多义词　反义词　施事　焦点　情态　语气　言语行为

二、填空

1. ＿＿＿＿、＿＿＿＿、＿＿＿＿是词义概括性的三个重要的表现形式。

2. 多义词有多项意义,最初的那项意义叫＿＿＿＿,离开上下文人们就能知道的那项意义叫＿＿＿＿。汉语的"老"有"年纪大"、"经常"、"陈旧的"等意义,其中,"年纪大"是＿＿＿＿,其余的是＿＿＿＿。

三、分析题

1. 下面是英语中的九对反义词,试区分和归纳出不同的语义类型,并说明理由。

good—bad　　　pass—fail　　　husband—wife
false—true　　　legal—illegal　　rude—polite
long—short　　　asleep—awake　　lessor—lessee

2. 指出下列同义词的意义差别

父亲——爸爸　　得到——受到
眼红——嫉妒　　秘密——绝密

3. 收集汉语"烹调类"单音节动词,用一组语义特征描写它们的词义。

4. 试分析下列句子的语义结构。

农夫用枪杀死了那只狼。

5. 试分析下列材料,说明什么是话题？什么是话题链？什么是有定性？

(1) 夏老人送给李小龙一盆昙花。昙花在这一带是很少见的。夏老人很会养花,什么花都有。李小龙很小就听说过"昙花一现"。夏老人指给他看:"这就是昙花。"李小龙欢欢喜喜地把花抱回来了。他的心欢喜得咚咚地跳。

(2) 李小龙给它浇水,松土。白天搬到屋外。晚上搬进屋里,放在床前的高茶几上。早上睁开眼第一件事便是看看他的昙花。放学回来,连书包都不放,先去看看昙花。

(3) 昙花长得很好,长出了好几片新叶,嫩绿嫩绿的。李小龙盼着昙花开。

(4) 一天夜里,李小龙在梦里闻到一股醉人的香味。他忽然惊醒了:昙花开了! 李小龙一骨碌坐了起来,划根火柴,点亮了煤油灯。昙花真的开了! 李小龙好像在做梦。

(引自汪曾祺:《昙花·鹤和鬼火》,有删节)

6. 简要说明下列句子在情态上有什么不同。
我认为小刚上学去了。
我想小刚一定上学去了。
我猜小刚上学去了。
我听说小刚上学去了。
我看见小刚上学去了。

7. 以下列句子为例,说明:什么是焦点?焦点的性质是什么?
这首诗连小孩都会背诵。
张三从李四那里借来了这辆车。

8. 分析说明下列句子的语义结构。并以此为例说明,什么是预设?什么是蕴涵?
那个孩子把他的宠物狗领进了公园。

9. 下列句子的意思在不同语境中可以有不同。试以下列材料说明,什么是语境?语境对句子意思的理解有什么作用?
我上课去了。
小李在船上看到了他的朋友。

四、问答题
1. 自己举一个例子说明什么是词义的模糊性。它会影响交际吗?为什么?
2. 就你熟悉的语言各举一例说明什么是隐喻和转喻。
3. "动程"可以区分为哪几个类型?为什么?
4. 举例说明什么是"受事"?"受事"在汉语句子中可以实现为怎样的句子成分?
5. 直接言语行为一般通过哪些手段表达出来?试举例说明。
6. 搜集一组汉语的祈使句,说明它们可以表示怎样的间接言语行为?
7. 举例说明汉语对话里使用哪些手段来突出焦点信息。

注:上述习题二中第 1 小题编选自 An Introcuction to Language (5th edtion), Victoria Fromkin & Robert Rodman, Harcourt Brace College Publishers, 1993。

第六章　文字和书面语

内容提要

本章教授文字对于人类社会的重要作用、文字的基本性质及其与语言的关系、文字系统的单位层级及其与语言系统层级单位的关系、文字发展与语言的关系、文字与语体的关系。后四项是教学的重点。

教学目的和要求

通过了解世界上几种重要文字系统的发展历程和共时的文字类型差异（这属于重要的知识性的内容），从理论上了解文字的基本性质，了解文字是由大小不同的单位及组合聚合规则组成的系统，了解文字的发展规律，认识适合以声音为载体的口语和适合以文字为载体的书面语的不同特点；以从整体上把握文字与有声语言的关系和文字的规范、改进和改革的大方向。

重要名词概念

文字系统　字符　记事图画/刻划符号/图画文字　六书　表音文字/表意文字　口语/书面语

教学建议

本节介绍了不少记事图画、刻划符号和数种早期文字的材料，这些材料本身十分有意思。但作为语言学中的文字理论部分，介绍这些材料的目的，是通过不同文字与各自语言的关系来说明文字的基本性质——有声语言的再编码系统。对于文字的基本性质，教员一定要有准确的把握。准确地了解了文字与语言的关系，也就可以回答汉字为什么不需要改革为拼音文字、为什么需要不断地规范，并进一步独立思考汉字应该如何规范、如何正确使用的现实问题了。

教学重点与难点提示

一、文字的基本性质

文字是对有声语言再编码的视觉符号系统。

文字的表达媒介是作用于视觉的图形,它可以弥补语言的表达媒介(声音)一发即逝、难以传之异地、留于异时的局限,使人类社会已取得的经验得以长期保留并不断累积增加。

文字进行编码的对象是语言。以视觉可感知的图像对语言符号(小的音义结合体)进行再编码,这就需要把语言符号拆分为更小的单位或要素并与一定的视觉形体建立固定的关联。也即,文字的最小单位要组合为较大的单位才能对应音义结合的语言符号(语素或词)。

文字编码可以针对语言符号的音或针对语言符号的义。也即文字的最小单位可以对应小于语言最小音义结合体的语音形式(如小于语素音形的音位)。也可以对应小于语言最小音义结合体的意义(如基本义素"与'木'相关的")。要特别注意的是,文字所编码的"意义"是有声语言符号的意义,是前面几章多次提到的、与不同语言的语音形式紧密结合在一起的意义,因而是各语言不同的。人类对客观现实的认知首先因音义结合的语码而切分开来,并固定下来,但文字的表意字符可以从多个最小语言符号的意义中再提取出共同的意义要素。

不管是哪种文字,都必须满足文字的基本条件:视觉上文字符号的排列组合能够还原为语言的有声话语,能够表达话语中所出现的语言符号(语素或词)及其出现次序。

二、自源文字的产生和文字的基本性质

这一节的关键在于记事图画和图画文字在基本性质上的区别,个别刻划符号与文字系统的区别。

印第安少女情书和纳西东巴经文在形体上都类似图画,都可以传达信息;但前者是图画,后者是文字。这一根本区别必须联系文字的基本性质来说明:文字的基本性质是通过形体与语言符号及其排列的固定关联来表达意义,而图画则是通过形体对现实的直接摹画来表达意义。因此,能否看懂一篇文字取决于看者是否懂得文字所写的语言及字形与语言的关联;能否看懂记事图画则与语言无关,只取决于看者是否对画者所摹画的现实经验有所了解。

刻划符号可以独立表达某些概念,特别是部落图腾、原始信仰中的重要观念或事物、数量、位置关系等。从考古材料看,这些符号也大多成为后来文字系统的符号。但是,文字系统是否已经产生,要看文字符号是否能够排列起来并大致对应于语言符号出现次序。如果没有这方面的证据,则个别

的刻划符号就只是前文字阶段的表意符号,尚未形成文字系统。文字系统不是一蹴而就的,需要逐渐积累足够多的、固定地与语言符号有固定关联的形体符号才可能成为系统。

　　成为文字的必要条件是:(1)文字文本可以分解为一个个离散的小图形,这些小图形表达语言中音义结合体。(2)这些小图形可以重复使用而表达的音义不变。(3)小图形做线性排列,图形排列的次序表达语流中语言符号的出现次序。

　　记事图画不具备以上三项条件,刻划符号至少不具备最后一项条件。

三、文字是符号系统

　　符号系统必须有大小不同的单位,单位之间有组合聚合关系。文字也是这样的符号系统。

　　1. 表达语言符号的文字单位——文字词或字

　　作为语言的再编码系统,文字系统总有一级较大的文字单位对应于语言符号(音义结合体),该级单位既表达语言符号的音,又表达语言符号的义。并且,该级文字单位还按照特定文字系统所规定的线性书写次序(从左到右,从右到左,从上到下等)表达语言符号时间上先后发出的线性次序,从而达到以形体表达语言的功能。

　　英文的"词"和汉文的"字"就是这样一级文字单位,它们都是既表音又表义的文字单位。

　　该级文字单位都有自己形体形式上可视化的特点,比如英文词的前面和后面要有空格,汉文的"字"要占据一个正方形的空间。

　　2. 最小的文字单位——字符

　　作为语言的再编码系统,文字系统的最小单位一定小于、少于音义结合的语言符号,如语素或语法词。也即,对应于语言符号的文字单位(文字词或字),一定不是文字系统最小单位。文字最小单位总是由数量更少、形体更小、并与语言符号的音或义有固定关联的单元组合而成的。这些可反复使用、并与语言的音义有关联的形体最小单元,是最小的文字单位,叫作"字符"。字符有区分语言符号(音义结合的语素或词)的作用但并不直接对应语言符号。

　　不同文字的单位层级多少可能有不同,但至少有两级单位:次小的一级单位(字或词)对应于音义结合的语言符号整体(语素或语法词),最小的一级单位(字符)对应于上一级文字单位所表达的语言符号的音或者义的更小切分。

英文、俄文、阿拉伯文等文字中的字符,传统上叫作"字母"。字母的特点是只与语言中的"音"有直接的对应关系,不直接与语言的"义"发生联系。如英文的 man("男人")一词由 m、a、n 三个字母组成,每一单个的字母都代表一个音位,但单独来看都与词义"男人"没有关系。m、a、n 三个字母组合起来并前后加上空格才与"男人"发生联系。

汉字不是汉文的最小单位。如"们"字由字符"亻"和字符"门"组合而成。字符中只与字义有关系的部分(如"们"中的"亻")传统叫作"形符"或"义符",与字音有联系的部分(如"门"在"们"中只表示音)传统叫作"声符"。

各种文字共同特点是,字符不直接表示语言中的音义结合体(语素或词)。

还需要解释的是,仅从形体考虑,汉字的声符、义符还可以进一步拆分为横、竖、撇、捺等笔画,为什么不把笔画定义为汉文的最小文字单位呢?这是因为,最小形式单位不仅要考虑形式上的"最小",还必须考虑与所表达的内容有关联关系。作为语言再编码的文字,其最小形式单元应该与语言符号的音或义的再区分成分有特定的关联,以简单的组合和聚合替换就能组成与语言符号关联的上级文字单位,而笔画做不到这一点。

3. 最小文字单位字符与上一级文字单位的关系

英文等文字系统中,字母之上有"文字词"(orthographic word)这一级单位。它在形体上表现为若干个字母的线性排列,并前后有空格隔开。文字词大多代表语言中作为音义结合体的"词"(语法词),既表达词的音也表达词的义。如英文中前后带空格的文字词 man 代表了/mæn/的音,也表达了"男人"的义。

汉文的字符组合成上一级的单位——汉字。汉字的形体特点是占据一个方块形的空间。汉字大多代表汉语中最小的音义结合体——语素。比如,汉字"们"既代表 mén 的音,也代表"复数人"的意义。而"们"的下级单位,字符"亻"只与"们"的义有关,字符"门"只与"们"的音有关。

要注意的是,就好像音系或语法的下级单位可以单独构成上级单位。比如汉语的/a/,是一个音位,也是一个音节,加上声调和语调还可以是可以独立成句的一个语调段;各种文字也都有部分字符可以单独构成上一级文字单位(词或字),比如英文中的不定冠词"a"、汉文中的"日",都是由单个字符构成的文字词或字。但作为上一级文字单位,它们已经带上了上一单位的形式标记——英文的前后空格或汉文的正方形空间,这些标记表明它们已经是既表音又表义的上一级文字单位了。

从另一角度看则是,英文 a 在前后有空白时是个文字词(音 /a/ 和意义"不定冠词"的结合体),而 man 中的 a 则只是一个字符,不是文字词。汉文的"门"在独占一个方块空间时是个汉字(音 mén 和意义"房屋、车船或用围墙、篱笆围起来的地方的出入口"的结合体),而在"们"中的"门"则只是个字符。

英文的文字词和汉文的字,作为较大的文字单位,它们的共同特点是既表音又表义,以形体直接代表语言中的音义结合体,有形、音、义三要素。

英文的字符(字母)和汉文的字符,作为最小的文字单位,则并不直接与音义结合的语言符号相对应,大多数不是既表音又表义的(详见下一问题)。

文字在二维空间中的排列次序、标点、空格等,是文字单位组合规则主要的形式表现,是文字系统重要的组成部分。

四、文字的共时分类

根据不同的标准,文字可分为不同的类。本书采用的是根据文字系统的最小单位和次小单位与语言符号音义的关联而进行的分类。

根据最小文字单位与其上一级文字单位所表达的语言符号的音义关联,全世界的文字可以分为表音文字和意音文字两类。

表音文字的最小文字单位"字母",在其上一级文字单位中,均只表达语言符号的"音",比如组成英文词 man 的三个字母 m、a、n。语言的"音"有大小不同的单位,所以,根据字母代表的是哪一级音系单位,表音文字又可进一步分为音位文字(如英文)、辅音文字(如阿拉伯文)、音节文字(如日文的假名)等。

意音文字的最小文字单位字符,在其上一级文字单位中,有的字符既表上级文字单位所表达语言符号的音,也表该语言符号的义(独体字,比如"日"),这时它一定独占一个正方的空间;有的字符只表上级文字单位所表达语言符号的音(比如形声字"们"的声符"门"),或只表达该语言符号的义(比如形声字"们"的义符"亻"),还有一些字符只起区别上级文字单位所表达语言符号的音义的作用(比如"鸡"的区别符"又")。汉文是典型的意音文字。

从较大的文字单位与语言符号的关系看,文字又有一套分类。汉文的基本单位——汉字,大多对应汉语的一个语素,同时也大多对应一个音节,可称作"语素—音节文字"。英文的基本单位——文字词,大多对应英语的一个语法词、一个韵律词(由词重音决定),可称作"词文字"。

象形文字、楔形文字等命名，则是根据文字形体上的特点对文字的分类。

五、从自源文字的历时发展和他源文字的改进或换用看文字类型和语言类型的关系

文字是有声语言的再编码，再编码系统（文字系统）与原码系统（语言系统）总是既有相对独立、约定性的一面，也有再编码系统要适应原码系统特点的一面。

世界上成熟的、独立产生的古文字（自源文字）系统为数不多，教材上介绍的两河流域的苏美尔古文字、埃及的古文字、中国的甲骨文，是其中的典型代表。另有许多民族没有自己独立产生的文字，而是借用其他民族文字并加以一些改造作为自己的文字（他源文字）。无论是自源文字的发展还是他源文字的改进和换用，都可以从中观察到文字类型与语言类型的上述关系。

自源文字的早期阶段都是象形程度非常高的意音文字，都使用象形、指示、假借、形声的造字手段，苏美尔古文字、埃及的古文字、中国的甲骨文无一例外，尽管这几种语言的语言类型完全不同。这说明了人类在认知上的共同点——用视觉形体符号表达有声语言符号是个逐渐积累的过程：早期阶段首先是依据相似性原则用形体摹画语言符号在现实世界中的所指。比如用单个形体摹画现实世界中的事物（象形），或者用点线之间的关系或点线与象形形体之间的关系摹画现实事物之间的关系（指事）；然后，对于难以用形体摹画的语言符号义，就借用象形、指事形体符号来表示它们（假借）；最后，对于假借而产生的一形对应多个同音而不同义的语言符号的情况，提取出不同语言符号义中的区别性要素，用已有的象形、指示符号来区分开它们（形声）。这一事实也说明了文字和语言是相对独立的，不同类型的语言可以使用相同类型的文字，特别是在文字系统尚未发展完善的阶段。

自源产生的意音文字后来向两个不同的方向发展。一种是借用表音的比例大大增加，表音符号的总数量却逐渐减少，向着一种声音（辅音）只用一个表音符号表示的方向发展，如苏美尔一系的文字。另一种是形声字的比例大大增加，逐渐达到每个语素都有自己的字形。如汉文。文字之所以向不同的方向发展是由于语言类型不同。苏美尔一系语言的特点是词根的音节数目是没有限制的，词根中的三个或四个辅音表达词根义，而元音表达语法义。汉语的类型特点则是词根几乎都是单音节的，词根进入句子也没有

形态的变化,是孤立语。与语言类型的特点相适应,苏美尔一系文字逐渐向表音的辅音文字发展,而汉文则向形声字比例越来越大的完善的意音文字发展。

希腊、罗马等字母文字是借用苏美尔文字的他源文字,它们对借用文字所做的最大改进是确定了表元音的字母,改辅音文字为音位文字。日、朝韩等国则都曾长期使用汉字,后来又分别发明了表音的音节文字假名(日)和表音的音位/区别特征文字谚文(朝韩)。他源文字的改进或文字的换用,都与语言类型的特点相关。

六、口语与书面语

这一节的重点在于口语和书面语是与表达媒介有关的语体区别,了解书面语的发展、规范和改革与口语发展的关系。

口语是适合用随口即发的有声语言来表达的语体,书面语是适合用文字来表达的语体。两种不同的语体各有自己语法上的特点。口语语体的特点是:句子短且结构简单,常有省略、重复、脱节、颠倒、补说,多用语气词或无意义的填充词。口语有一批口语专用的俗语、俚语但整体词汇量并不大。口语中话语的主题经常漂移改变。书面语语体的特点是:常有长句和结构复杂的句子,省略、重复、语气词少,几乎没有脱节、颠倒、补说和无意义的填充词,有一批书面专用的词汇,还有许多专门领域的词汇,总的词汇量大。书面语讲究篇章结构、连贯照应等。要注意的是,口语、书面语语体的特点由表达媒介是随口而发的声音还是文字而决定,但固定为一种语体之后,就与表达媒介是声音还是文字不是完全对应的了,有口语语体的语篇用文字记录下来,或者书面语体的语篇用声音念出来的少数情况。

书面语与口语的自然关系,或者说是合理的关系应该是:书面语是口语的加工形式,口语和书面语分别适用于不同的交际目的和交际场合。口语是不断变动的,社会中新生的各种用语或句式分歧很大,需要通过书面语的规范引导社会中新生的各种用语造句的分歧尽快走向一致,并将符合书面语要求的成分及时吸收到书面语中来。也即,由于交际目的和场合的不同,书面语与口语必须在形式上有所区别。但两者又是加工关系,口语发展是书面语发展的重要基础。

由于文字和书面语是需要后天的专门学习才能够学会的,在一定的历史条件下,书面语也可以几乎完全脱离同时代的口语而使用历史语言,甚至借用其他民族的语言。这样的书面语会为社会广大人群的知识积累和多层次交际增加很大的阻碍,是应该加以改革的。

练习与思考

一、知识题

1. 世界上独立产生的、成熟的古文字系统(自源文字)有_____文、_____文、_____文、_____文等。

2. 我国传统文字学中的"六书"是指_____、_____、_____、_____、_____、_____。

3. 指出下列汉字属于六书中的哪一种:手_____、泪_____、拖_____、刃_____、其("其中"的"其")_____。

4. 简述字母文字的产生历程。

二、思考题

1. 文字和图画的根本区别是什么?成为文字必须具备哪些基本条件?

2. 既然所有文字都是既表音又表意的,为什么还有表音文字、意音文字的区别?

3. 表音文字又可分为哪几种重要的类型?世界上存在单纯的表意文字吗?

4. 世界上独立产生的、成熟的古文字系统(自源文字)有哪些共同特点?

5. 举例说明文字对语言的适应性和文字的相对独立性。

6. 口语能否改革?书面语能否改革?文字能否改革?文字改革需要考虑哪些因素?

7. 举例说明文字的保守性。

8. 什么是书面语?书面语跟口语是什么关系?书面语跟文字是什么关系?

9. 口语和书面语的主要差别。

10. 书面语与口语脱节分为几种情况?在什么情况下应该改革书面语?

第七章 语言的演变与分化

内容提要

　　语言是不断发展变化的,语言的发展变化有内部原因也有外部原因。语言变化的内部原因在于语言的各个层面、各种不同要素之间的不平衡,而它们之间又是相互制约的,一个要素的变化会影响到其他要素的变化。语言变化的外部原因则在于社会的发展和变化。同一社会的分化、分化的不同程度和地理分布,不同社会的接触和统一,必然引发语言发生不同的变化。语言变化具有渐变性和不平衡性的特点。社会分化而引发的语言分化形成了社会方言、地域方言,乃至亲属语言。

教学目的和要求

　　使学生认识到:语言是不断变化的;语言的变化既与社会的变化密切关联,也受语言系统自身的制约;社会的变化有同一社会分化和不同社会接触趋同两个方面,它们引发的语言变化是不相同的;社会方言、地域方言、亲属语言都是同一社会分化的结果,差别在于社会分化的方面或分化的程度不同。

重要名词概念

　　社会方言　地域方言　亲属语言　谱系分类　祖语　姐妹语言

教学建议

　　本章第一节第一小节做出两个重要的二分:一是把语言变化按引发原因二分为:外部原因和内部原因,二是把外部原因进一步二分为:同一社会的分化和不同社会的接触或统一。从这两个二分出发讨论语言的变化,是历史语言学基本的理论框架,是七、八、九三章的总纲,应该重点掌握。之后的章节就是按总纲来安排的:本章第二小节,不同程度、不同类型的社会分化(外部原因一)而引发的语言分化的不同类型;第八章,不同程度、不同类型的社会接触或统一(外部原因二)而引发的语言趋同的不同类型;第九章,语言系统自身演变的规律。

教学重点与难点提示

第一节 语言演变的原因和特点

一、社会、人际交流是语言演变的基本条件

语言是人类交际最重要的工具。人是使用语言的主体,社会是语言使用的主要场合。语言作为信息传递的载体,随着主体需要的变化而作相应的变化,同时,社会环境的变化也要求语言通过改变其组成成分来适应。因此,人的因素和社会因素就构成了语言演变最基本的动力。

先来看语音变化。从人的因素讲,语言的物质载体是语音,而语音是人通过生理的发音器官发出的,人在交际过程中,由于要连续发音,一方面发音器官需要相互协调配合,另一方面也"偷懒"省力,这样就造成了发音的改变,例如,一些高频率使用的词语在使用中常常磨损,造成语音的弱化,常见的虚词在语流中通常都是以混元音 ə 为韵母。这就属于语言演变中常说的"说者启动";人在交际中,由于环境的嘈杂或者注意力的不集中等原因,听到的语音就与发音者的有差别,这样造成的语音演变就是所谓的"听者启动"。从社会交际的因素讲,有些语言片段经常在一起使用,就会发生减缩、融合等现象,比如,英语中的 Good bye 是来源于长的语言片段 God be with you,句子的缩短并不影响交际,因此人们就习惯于俭省的说法,现在很多时候已经只说 Bye 了。

再来看词汇变化。从人的因素来讲,不同的人有不同的偏好,或者为了表现出跟其他人群不一样而选择一些新的说法,比如,一些年轻人不说"很多",而说"N 多"。从社会的角度来讲,因为新鲜事物和新观念的出现和旧事物及旧观念的淘汰,造成新旧词语的更替。一些旧词语,比如,一些老北京常用语:"卧果儿"、"蝎了虎子"、"炸猫",现在都不用了,一般人也不知道是什么意思。一些新的词语大量涌现,比如,"房奴"、"剩男剩女"、"被小康"等。

还有语法变化。语法是组织语言成分的规则,人们在语言使用中约定俗成了这些规则,正因为是约定俗成的,也就可以改变。从人的因素来讲,会为了表达的简便而创造一些方式,而这些方式在社会当中被接受的话,就形成语法变化。比如,现在很多人把"请发短信给我"说成"请短信我",后者就是一种新的语法组织格式,由于不影响意义表达,而且很简洁,已经被很

多人接受。

在语言的各个层面,人的因素和社会因素为语言演变提供了基本的条件,语言由于不同人群的使用和社会因素的改变而一直处于变化之中。

二、语言中各种因素的相互影响和语言的演变

自然语言最本质的属性之一是它的层次性:区别意义层、音义关系层和表达意义层。语言系统是由各个不同层面的要素构建起来的,各个层面的要素各自独立活动,每个层面都有结构和组织性。比方说区别意义层由区别性特征、音位、音位结构三个子层面组成。区别性特征的组合构成音位,音位的组合又构成音节;同时每个层面又逐级与其他层面关联,每个层面的活动又可能影响到其他层面。比如,音位层面的要素如果发生变化,就意味着音节的构成材料发生了变化,音节组合的规则很可能就会有所改变,同样的,音节的变化与上一级的单位——语素相关,就会影响到语素的构成,反之亦然,就这样,环环相扣,导致语言系统的演变。

以儿化的发展为例,可以看到语言中各个要素相互影响的情况。早期"-子、-头、-儿"作为体词性词尾聚合在一起,"儿"的重要作用是"小称",但由于"儿"在中古属止摄开口三等日母字,在元代《中原音韵》中属支思韵,声韵上都不太稳定,到明代《等韵图经》时变为零声母。日母的丢失,给儿尾词提供了"儿化"的可能性。这时,"儿尾"就开始和前面音节融合,开始向"儿化"过渡。而儿化造成了"-儿"语素在语音上独立地位的丧失,变成了语音上的"儿化"形式,以-r表示。这样,在音义关系层面,-r是语音形式小于音节的特殊语素,系统就要排除这种成分,这就造成了-r的语素地位不稳固。明代"儿"的体词性功能开始淡化,标志是非体词性儿化的出现和体词性儿化功能的凝固化。也就是说,这意味着"儿"不再严格地表达"小称"意义了,比如清代《红楼梦》中的"给你带回去玩儿"。《儿女英雄传》中这种用法更多。只有"儿"有这种现象,"子、头"没有,因为"子、头"没有发生零声母化并进而与前音节融合的情况。这就引起了语素平面体词性词尾系统的不平衡:

	名词	动词	形容词	副词	拟声词
-头	＋	－	－	－	－
-子	＋	－	－	－	－
-儿	＋	＋	＋	＋	＋

有些方言中的"儿化"进展更快,可以看作北京话演变的延续,比如,西

南官话成都话中所有韵儿化后均为 ər,在昆明话中-r 则彻底丢失,消除了体词词尾系统的不协合现象,消除了语素音形小于音节的不协合现象,但却留下了大量不规则现象。有意思的是,儿化后,语言中仍有表达"小称"的需要,一些方言中就又产生了新的表达小称的方式,比如,四川邛崃用重叠加儿化来表小称,比如:湖北应山方言增加"娃"语素加儿化来表"小称",比如:猪娃儿、狗娃儿。

汉语的发展演变中还有其他一些例子也可以说明语言各层面的互动,例如,由于语音简化,大量古汉语中原本可以区分的单音节语素不能区分了,汉魏时期的汉语开始调整,大量双音节词出现,以解决单音节层面区分性降低造成的影响。

三、语言演变的特点

总体来说,语言演变的特点是渐变性和不平衡性。

语言的渐变性根源于语言的社会性。语言是社会成员共同的交际工具,是约定俗成的结果,因此,就语言整体而言,就不可能也没有必要在突然之间变得面目全非,否则,人们就不能再使用语言进行交际了。渐变性可以从两个角度来理解:首先,语言是由各语言要素构成的,这些要素不能"要变一起变",只能少部分的逐渐变化,大部分保持稳定,才能保证语言交际的顺畅进行;其次,语言被不同的人使用,因此语言要素的变化不可能一下子涉及所有的人,语言群体越大,变化扩散到整个群体需要的时间就越多。比如,北京话零声母有从 w 到 v 的变化,但目前仍然处在变异状态,不少语言调查都表明,这一变化在不同年龄段、不同性别和不同地区等条件下都有不同的变异情况,也就说明这一变化的扩散具有渐变性。

语言演变的不平衡性是从另一个角度来理解语言演变的渐变性。与渐变性相对应,首先,语言的各要素在演变中是不平衡的,一般来说,如果不涉及外部语言接触的影响,词汇方面变化得最快,因为词汇对社会现象最为敏感,大量新事物、新现象、新观念的出现要求大量的新词汇与之适应,在现在这个知识爆炸的年代,每年都可以看到大量的新词涌现;而语音方面就要相对慢一些,因为一个语音的演变会涉及一批使用这个语音的语素,而且语音之间的相互关联更为紧密,一个音的变化常常牵涉到同类的语音,比如,"腭化",舌根音 k 如果腭化,通常其他舌根音也会腭化,正是由于语音变化牵涉面比较大,而且与社会变化没有直接的联系,变化相对就慢。而语法作为语言符号的组织规则,稳定性的要求相对来说更强,词汇和语音作为组织材料,其变化较少影响到作为框架的语法。从古代汉语到现代汉语的发展来看,也可以看出词汇变化最快,语音次之,语法再次之的不平衡状况。

再次,不同的人群在演变中也有不平衡的状态,有的人接受变化快,通常是年轻人,有的人慢,通常是中老年人,有些地方的人群变化快,通常是文化中心或者政治经济中心,有些地方的人群变化慢,通常是相对不发达地区。

最后,同一语言子系统也有不平衡的变化,比如,词汇系统中基本词汇变化慢,文化词汇变化快;语音系统中处于双向聚合中的语音变化慢,处于单向聚合中的变化快。

第二节 语言的分化

一、语言随着社会的分化而分化

语言在使用中会发生变化,而这些变化在社会中的传播速度是不一样的,联系越紧密的群体之间传播的速度越快,为此,布龙菲尔德提出"交际密度"来作为人群在交际联系上的紧密程度。交际密度越高,语言的一致性就越高,反之,差异性就越大。

在社会中,人群会因为各种社会因素的不同而产生交际密度上的差异,例如,相同职业的人经常在职业范围内沟通交际,在这些方面就能保持很高的一致性,而不同职业的人因为在这方面的交际密度低,各自的职业语言内容和形式如果发生变化,难以传递到对方群体中去,因此就会产生一些差异。同样,由于性别的差异,男性和女性各有交际内容和方式上的偏好,也会形成一些差异。其他各种社会因素,例如,阶层、文化程度、年龄等都会影响到社会群体在语言使用上的不同,这样,就形成了按照社会因素分化的**社会方言**。一个人在社会中可能有不同的社会身份,就可能同时掌握多种社会方言。

地理因素也可以造成交际密度上的差异,相距很远的人群相对难以相互交际,地理上临近的交际密度就高。客观地理环境,如高山峡谷、大江大河等的阻隔会造成交际密度的变化,而行政区划、经济贸易、文化联系等也会在地域上造成影响,对交际边界的形成起一定的作用,总之,这种在地域上反映出来的语言差异就造成了**地域方言**。

区分社会方言的不同,一般的前提是这些社会方言处在同一地域上,而地域方言主要是强调由于地域不同造成的差别,不考虑社会方言上的一些区分。从根本上讲，地域上的分隔也是一种社会分化，即，人群由于生活区域的不同而造成的区别。

区分社会方言和地域方言的一个前提是它们虽然有一些差别，但仍然属于同一种语言。这主要是从共时角度上讲的。从历时角度讲，社会分化的一个重要结果是亲属语言的产生。也就是，原本说同一语言的人群，由于战争、灾害等因素分割开来，由于交际联系隔断，各自发展，最后形成了不同语言，很多都到了不能相互通话的程度。因此，亲属语言是社会分化在历史过程中造成的结果，强调的是语言在历史上的同源。

一个需要注意的问题是方言与语言的区分。目前并没有确切的语言学标准来区分二者，更多的是根据社会文化形成的习惯，比如，闽方言与北方方言的差异大大超过法语与西班牙语之间的不同，但前二者通常看作不同的方言，后二者看作不同的语言。

二、社会方言

社会方言是同一语言内部由于社会因素不同而造成的各种变异，有多少种社会因素造成了语言在某些方面的不同，就能区分出多少种社会方言。社会方言之间的差异是有限的，它们共用语音系统、语法框架和主要的词汇材料。差异主要表现在词汇上，比如，不同的行业有不同的行业用语，有些男人之间的用语在女人话语中很少见，等等。在一些语音上也可能体现出社会方言的差异，比如，女国音。美国语言学家拉波夫（Labov）发现"-r"音的发与不发和社会因素密切相关，就相应的成了不同社会方言的特色。很少见到不同的社会方言以语法的不同来区分。

各种社会方言一般都不会排斥外群体的人使用，因为都是自然形成的。而黑话或者秘密语却是专门为了防止外人听懂而设计形成的，是社会方言中比较特殊的一种，主要方法是利用特殊词汇或者特殊的音变规则。

三、地域方言

地域方言是某一语言在不同地域上的变体，常简称为方言。方言之间的差异要比社会方言之间的差异要大，很多方言之间都很难通话，福建就流传着"相隔一丛草，讲话不知道"的说法，在福建、江浙、湖南等地形复杂的地方，"五里不同音，十里不同调"的情况也很常见。一般来说，方言之间的差别在语音上最为明显，有时候两个方言区的人不能通话，但可以通过把话写下来交流。方言词汇上的差别也较大，因此，方言特征词常常拿来与语音同言线来区分不同的方言。方言语法之间的差异隐藏得比较深,不容易马上意识到。

方言的区分是一个层级系统,方言可以再分为次方言,次方言下还可以再分土语。可以根据需要来决定层级的多少。目前汉语方言的区分方案通常是七大方言:北方方言(官话)、吴、湘、赣、闽、粤、客家,除了客家话以外,命名都是根据该方言分布的主要地区的简称,因此,可以注意到有些"赣方言"分布在湖北,有些"闽方言"分布在广东、海南等。还有十大方言的方案,就是把晋语从北方方言、徽语从吴语、平话从粤语中独立出来。汉语方言区分方案的不同主要是由于各自依据的标准不同,尽管都以语音条件为主,但对具体语音标准的使用却有不同看法。

方言的研究有重要价值,很多文化的因素通过不同的方言词汇凝聚在方言中,很多地方文艺形式用方言表达才有味道,汉语方言的多样性体现了中华文化的多样性。通过汉语方言的比较,可以了解汉语的形成与发展的过程;还可以通过方言与普通话的系统比较,了解其中的对应规则,方便普通话的学习。

四、亲属语言和语言的谱系分类

亲属语言是指从同一原始语言分化演变而来的语言。自 William Jones 于 1786 年提出印欧语系的基本概念以来,研究亲属语言分化的先后关系就一直是历史语言学的重要组成部分。仿照生物学上的谱系树图,语言的亲属关系也常用谱系树图来表达,如下所示。

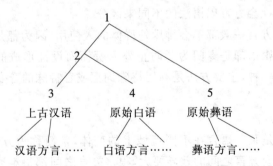

如果有上述一张语言谱系图,就表明所有现在的汉语方言、白语方言和彝语方言源自于一个共同的早期语言1,通常称为原始语(proto-language)或者祖语。随着时间的推移,由于种种原因,原始彝语(也就是各彝语方言的祖语)分化出去,并继续分化为现在的各彝语方言。而上古汉语和原始白语则是从一个共同的祖语(语言2)中分化出来的,也就是说,从亲属关系的远近上来讲,二者之间的关系比较近,原始彝语离它们比较远。

谱系树图中,最底层的都是现代语言,往上走,每一个节点都代表一级祖先语,每上一层,"辈份"就高一层,最高的当然是顶端代表的最初的原始语。类似家族谱系,亲属关系都是相对的,按照分化出的早晚决定。同一个节点(类似于同一父母)下的语言之间是姐妹关系(sister languages),比如,上图所示的上古汉语与原始白语;节点是所辖语言的直接祖语,反之,所辖语言是节点的直接子语,比如,上图所示的语言2是上古汉语与原始白语的祖语,而它们是语言2的直接子语,同时,语言2又是语言1的直接子语。原始语言的命名通常选取子语的名字来联合构成,如语言2通常会被命名为原始汉白语。

语言的谱系结构按层次分一般是:语系—语族—语支—语言。上文中的彝语属于汉藏语系藏缅语族彝缅语支,这样的表述就可以将一个语言在亲属语言的谱系图上定位。理想的谱系树图是按照历史上分化的实际情况,但由于很多情况下只能通过对现在的语言进行比较来间接推测,因此,比较中标准选择的不同常常导致语言系属地位问题上的争议,而且,语言接触等因素的干扰也会造成历史发展线索的模糊化,上文提到的白语的系属问题目前还有不少争议,正是由于这些原因。

语言亲属地位的明晰,对于研究民族和人群的迁徙、发展都有重要意义。现代分子人类学、考古学等都非常重视与语言谱系研究相结合来探讨人类的起源、发展与演变,毕竟,人类只有一个真实的历史。

练习与思考

一、名词解释

社会方言 地域方言 亲属方言 谱系分类

二、填空

1. 语言演变的两大特点是_____和_____。
2. 汉语的七大方言是指:_____、_____、_____、_____、_____、_____、_____。
3. 黑话是一种特殊的_____方言,它有强烈的_____。
4. 语言谱系结构的层次一般有_____、_____、_____、_____。

5. 从语言谱系来看,彝语属于_____语系_____语族;法语属于_____语系_____语族;阿拉伯语属于_____语系。

三、简答题
1. 举例说明为什么社会、人际交流是语言演变的基本条件。
2. 举例说明语言发展过程中各种因素的相互影响。
3. 什么是语言演变的渐变性。
4. 什么是语言演变的不平衡性。
5. 谈谈语言演变的渐变性和不平衡性的关系。
6. 从语言分化的角度谈谈社会方言、地域方言和亲属方言的联系与区别。

第八章　语言的接触

内容提要

本章介绍若干不同社会彼此接触而引发的语言变化的几种重要结果。包括不成系统的词汇借用、语言联盟与系统感染、语言替换与底层残留、通用书面语或民族共同语的层次、洋泾浜和混合语。语言接触的结果不同与所发生接触的社会的地理距离、接触程度、人口和经济文化水平的差异等密切相关。

教学目的和要求

帮助学生更好地理解语言的分化与语言的接触是引发语言变化的两种不同动因，二者的变化规律和变化结果均不相同。使学生了解社会多层级结构的复杂性，以及语言变化与多层级社会结构的密切关系。

重要名词概念

借词　意译词　仿译词　语言联盟　系统感染　双语　语言替换　民族共同语　通用语　洋泾浜　克里奥耳语　世界语

教学建议

语言接触是目前学界新的研究热点。我国民族众多，许多地区有多个民族或多种方言长期比邻而居，是研究语言接触最好的实验室。本章的教学重点，引导学生重视社会与语言的密切关系，引导他们去主动关心、积极思考不同类型多语接触与社会的关系及其所引发的语言变化有哪些特点。

教学重点与难点提示

第一节　社会接触与语言接触

语言的社会属性决定了语言发生接触的前提条件是社会接触，从根本上说是使用语言的人之间的接触，由于人接触到了不同语言，也就是不同的表达方式,随之产生了改变自己语言习惯的需求。社会接触有不同的方式和不同的程度,这样就造成语言接触的不同。通常区分语言接触的不同是按照接触的结果来看。语言接触的过程与语言分化的过程正好相反,接触的过程是增加接触语言之间的相似性,而分化则是造成语言之间的差异性。

当前语言接触逐渐成为研究的热点,一个重要的原因是很多接触现象在进行中,可以通过实证观察来发现接触如何进行,并跟踪其结果,而语言分化往往是历史结果,其机制就相对难以观察到。在语言发展中有两种最基本的传递模式:纵向传递和横向传递。纵向传递就是子代语言继承祖语的过程,而横向传递就是语言接触。这两种传递模式的交织构成了语言历史的完整图景,因此,通过搞清楚语言接触的情况,可以分离出两种模式在具体语言中的实际情况,因此,语言接触研究意义重大。

第二节 不成系统的词汇借用

一、借词

借词,顾名思义,就是从其他语言借来的词,也就是,词的语音和意义都是外来的。因此,需要注意区分借词与意译词。意译词是只有意义从其他语言中来的,比如,"小提琴"原本在汉语中没有,是翻译英语的 violin。不过,汉语在使用"小提琴"之前,曾先使用过借词"梵婀玲"一段时间。很多英语的词汇最初都是以借词的形式进入汉语,后来由于借词的多音节语素与汉语中"一音节一义"的模式不一致,很多都被意译词替代了。意译词中有特殊的一类是根据其他语言的构成方式,但用自己的语言材料构成,比如,汉语的"黑板"对应英语的"blackboard",语素"黑"和"板"都是汉语固有的,但把二者组合起来成为复合词的方式却是直接使用英语的,这种词叫"仿译词",虽然有借用外语的因素,但不符合借词的界定。

借词可以分为三种类型:(1)纯音译,如:麦克风 microphone;(2)音译加意译,如:啤酒 beer。(3)还有一种特殊的类型,在借词选用语音材料的时候考虑该材料的意义,也就是借用过程中额外增加的成分,并不是原来的外语词汇直接蕴含的意思。比如,"可口可乐"是借用"Coca cola",但汉语借词中"可口"与"可乐"的附带意义并不是原来外国饮料名中的意义,原来的意思只是给这种饮料的原料是可卡"coca"这种植物。很多这种"考虑"出来的意思体现了借用语言在借用外来词时的文化心理。

借词借用的是外语词的语音形式,但不是完全不变的原样照搬,而是用自己的语音材料去模仿,因此,telephone 在英语中的发音与汉语的"德律风"还是有差异,至少第一个辅音在英语中是送气的,而在汉语中是不送气的。但是,需要注意的是,这一"模仿"是有系统性的,而且是有时间性的,"模仿"总是借用当时的语音系统作为基础,因此,一个语言如何借用另一个语言的语音是音系学和历史音韵学研究中很有价值的问题。

二、借词与社会

借词往往跟文化的传播有关,由于某个事物或者某个概念在一个语言社会中发明后,向其他语言社会传播,因此,借词的历史常常反映新事物或新概念的传播历史。这是借词在研究历史中的重要作用。

语言社会在接触中的文化状况决定了借词的方向与内容。零星的、不成系统的借用一般是"因需而借",比如,随着佛教的传入,汉语就借入相应的梵语中的佛教词汇;傣族地区的汉语常常借入表示当地事物的傣语词,因为这些概念或事物在以前的汉文化中没有。从另一个角度看,借词的内容也反映了接触中各语言的文化状况,输出哪方面的文化词,代表该语言在哪方面的发展快。

社会接触的强度决定了借词的限度。如果在接触中,一方社会对另一方社会的文化持友好欢迎的态度,就会借入大量的该语言的词汇,有时,尽管自己的语言中某个词汇与借词在意义上等同,也可以借入。日语借入大量的汉语词就是很好的例证。随着后来文化状况的变化,日语使用借去的汉语作为材料来创造了很多新词,而汉语又从日语中借回了其中一些词汇,比如,博士、干部、政治,等等。值得注意的是,由于这些词汇在读音上并不模仿日语的读音,而是直接按照汉字来读,因此,这是一种特殊形式的借词。从表面上,这与"仿译词"有些类似,但由于特殊的历史联系,这种从汉语中借出又借回的词其形式和意义都可以算做是借用的,严格地说,还是应该看作借词。

一般来说,借词是没有限度的,从文化词到基本词汇都可以借贷,但是借贷的难易程度是不同的,文化词容易借贷,基本词汇较难,核心词更难。一般不系统的接触涉及的深度都不会达到核心词层面。

第三节　语言联盟与系统感染

一、语言联盟与社会

语言联盟是语言接触造成的一种状态,是指地域相邻的语言之间因相互影响而造成众多相似性的情形。"语言联盟"有时候也称语言区域(linguistic area)。在这样的区域中,各语言社会的地位比较平等,没有一种特别强势,因此,造成包括词汇、语音、语法等层面形成一种地域上的共同性,但主要是结构上的相似,在核心词汇上保持各自的特色。

如何确定语言联盟还没有很确定的标准,语言联盟的价值很大程度上是提供了一片有特色的语言区域,其相似性的形成混杂了横向传递和纵向传递而来的成分,对历史语言学的谱系树等经典模型提出了挑战,突出了语言接触研究的重要性。

二、系统感染

所谓系统感染指的是在语言系统大的方面上的相互影响,并形成一种一致的倾向,比如共同的语素—音节类型,类似的声调格局或者形态系统等。有时候这种情况也称作区域类型。例如,东南亚作为一个语言区域,各个语言之间的系统感染造成了共同的单音节语素类型,在声调格局上呈现出四声八调的情形,在构词或者语法系统上主要以虚词为主,而形态屈折较少。早期在汉藏语言的分类中,李方桂主要从这些特征出发,将汉语、藏缅语、苗瑶语和侗台语归为同源的汉藏语系,后来有一些反对的说法就认为这些大的系统特征是语言接触的结果,也就是所谓的系统感染,而不是由于同源继承下来的特征,因此,主要分布在南部的苗瑶语和侗台语等应该不放在汉藏语系中。现在的研究表明,同一个语言可以自发的从无声调语言演变成有声调语言,并按照韵尾的情况和声母清浊的情况发生声调的分化。也就说,面临共同的系统结构上的类似,往往有三种可能:同源分化、语言接触、平行演变。系统感染概括的是在同一片地域上出现众多语言在结构上类似的情况,这些语言有些不是同源的,而且众多的语言同时平行演变的可能性也比较小,所以,语言接触在其中应该占主要因素。

在讨论系统感染造成语言联盟的时候,应该强调一个前提,就是这些构成语言联盟的语言中,包括很多不是同源的语言。而且一个值得注意的事实是,距离越近的语言,共有的结构特征越多。因此,根据不同的结构特征或者数量不同的结构特征组来划分语言联盟的话,可以有不同的结果,比如,相互交叉的语言联盟圈,或者,大的语言联盟圈包含关系更紧密的小语言联盟圈。

值得注意的是,系统感染是对区域间语言接触的一种描述,并没有解决这些相似性具体是通过何种机制传播的,比如,为什么单音节-语素这一特征可以在东南亚广泛传播,原本是多音节-语素的回辉话为什么就变成了单音节,如何扩散到整个群体的。这些都是值得将来深入研究探讨的。

第四节 语言的替换和底层

一、语言替换

语言替换是指一个社会集团不再使用原来的语言,而换用其他的语言。比如,满族在入关以前使用满语,但后来逐渐放弃满语,使用汉语了,这也导致了满语的濒危状态。通常一个社会集团中出现语言替换是同其他语言接触的后果,而且接触程度比不系统的借词以及系统感染等要深。

语言替换在人类历史上频繁出现,而且现在有加剧的趋势,这也就造成了目前全世界都关注的语言灭绝和濒危现象。很多小的语言被大的强势语言替换,从全球范围来看,已经有超过 750 种语言灭绝了,还有许多语言也只有少数的使用者,处在被替换的危险中。联合国教科文组织 2009 年 2 月 19 日发布了第三版世界濒危语言图谱,在目前的 6000 多种语言中,超过 200 种语言预计在 50 多年内灭绝,另有 538 种语言处于垂危状态,502 种语言处于濒危状态,632 种语言处于危险状态,还有 607 种语言处于不安全状态。

语言替换一方面促进了社会融合,历史上,中国统一的多民族国家的形成与发展,与语言替换密切相连。另一方面语言替换客观上减少了语言文化多样性,很多独特的文化随着其载体的消失而退出历史舞台。

二、语言替换的社会原因

语言替换是语言接触深化的结果。在语言社会的接触中,如果交际双方各自使用各自的语言显然很难沟通,很难达成令人满意的社会交际效果。这样就需要有一个共同的交际工具,因此,接触双方的不同语言就处于竞争状态中,哪一方能够最终成为共同的交际工具,并替换掉另一方,往往取决于各种社会因素,包括政治、经济、文化等各种因素。

据研究,过去的语言替换要求接触双方处在同一地域上,这样才可能产生激烈的竞争关系,最终导致一方战胜另一方。试想,如果满族跟汉族一直保持地域上的隔离,满语就很难被替换。但现代社会的传播条件与过去有很大差别,即使地域上隔开,强势语言也有可能通过广播、电视等方式对其他语言施以强大的压力,这种非自然接触也有可能导致某些弱势语言群体放弃自己的语言,而改用强势语言。

三、自愿替换和被迫替换

所谓自愿替换与被迫替换是从语言替换时被替换者的态度来说的,如果被替换的语言社会采取积极主动的措施来掌握强势语言,放弃自己的母语,那就是自愿替换;反之,如果是被动的,在主观意愿上不愿意放弃自己的母语,但由于强势语言背后强大的政治、经济或者文化等因素的强大压力而不得不放弃自己的母语,换用强势语言,那就是被迫替换。

语言社会的意愿主要是从其社会主导者来看,比如,一个国家的决策者、主导层;一个社群的头人、首领。如果从整个社会来看,在语言替换时,不同的阶层常常会有态度上的差异,呈现出自愿与被迫交织的情况。

四、语言替换的过程

语言替换的过程要涉及整个语言社会的成员,而语言社会的成员在替换中有不同的步调。在语言替换中必然涉及双语过程,否则,如果一部分人说母语,一部分人说强势语言,就会导致两部分无法沟通,以致社会分裂。因此,双语是语言替换中强势语言替代弱势语言的桥梁。

儿童和青年是语言社会的未来,他们掌握语言的状况往往决定语言替换的情况。如果他们只习得强势语言,不再说母语,那么,整个语言社会就会迅速向强势语言发展,而随着会母语的上一辈逐渐退出社会,语言替换就完成了。

语言替换从强势语言的角度来看,就是语言扩展使用人群的过程,而从被替换语言的角度来看,就是濒危的过程,濒危的过程就是语言替换的逆向发展。按照2000年德国科隆召开的濒危语言会议,语言濒危可以分7个等级,分别是:(1)安全的语言:前景非常乐观,群体的所有成员包括儿童都在学习使用的语言。(2)稳定但受到威胁的语言:群体内所有成员包括儿童都在学习使用的、但是总人数很少的语言。(3)受到侵蚀的语言:群体内部的一部分成员已经转用了其他语言,而另一部分成员包括儿童仍在学习使用的语言。(4)濒临危险的语言:所有的使用者都在20岁以上、而群体内部的儿童都已不再学习使用的语言。(5)严重危险的语言:所有的使用者都在40岁以上、而群体内部的儿童和年轻人都已不再学习使用的语言。(6)濒临灭绝的语言:只有少数的70岁以上的老人还在使用、而群体内几乎所有其他的成员都已放弃使用的语言。(7)灭绝的语言:失去了所有使用者的语言。

五、语言换用与底层遗留

语言替换是一个逐步的过程,其间有双语状态的竞争,因此,语言替换的最终结果常常是弱势语言社会换用强势语言,但由于长期的接触和弱势语言母语习惯的干扰,换用的强势语言会留下被替换语言的痕迹,这类痕迹通常称为语言底层。语言底层可能包括语音、词汇、语法等层面的成分,不同的社会情况会造成不同的替换过程,也会造成不同的语言底层状况。其实,在现代生活中,可以观察这类现象,有民族语言背景或者方言背景的人在学习普通话时,往往会出现"不标准"的情况,形成"地方普通话",由于自身情况的不同,地方普通话偏离普通话的程度往往各有特色,有些平舌/翘舌音不分,有些没有鼻音韵尾,有些语序跟普通话不一样,有些特殊词汇在普通话中不用,等等。这些特色就是更广义的语言底层,如果地方普通话在将来取代了使用者的母语,那就跟前面所说的"语言底层"的情形是一样的了。

第五节 通用书面语、民族/国家共同语进入方言或民族语的层次

一、通用书面语与地方语

随着社会的发展,统一国家或宗教等组织需要用统一的语言来作为发布政令、规范、教义等重要信息的工具,而文字的发明也为这一需求提供了载体,通用书面语就应运而生了。通用书面语从其产生之日起,就具有跨越方言歧异的统一性质。这样,对各个地方语使用者来说,就增加了一种新的语言变体形式。而这种通用书面语通过地方语使用者与地方语发生接触,这种接触方式不同于前面提到的零星借词、系统感染和语言替换,它不要求地域的相连,只通过书面文字就可以传递,造成与地方语的接触,一般将这种方式的接触称为非自然接触,或者非相邻接触。

通用书面语的性质决定了其在社会中的地位高于地方语,也造成了书

面语和地方语的分工,二者同时存在于同一社会中,通用书面语主要用于正式的社交场合等,而地方语则用于非正式的私下交谈等。这样,二者的关系就不是简单的竞争关系,而是分工协作的关系。

二、文白异读与汉语方言中的通用语层次

中国很早以来就是统一的国家,由于幅员辽阔,历史悠久,汉语就产生了很多方言变体,有些差异很大,完全不能通话。在这种情况下,一方面由于汉族人口众多,政治、经济、文化方面发展较早,另一方面由于很早就发明了汉字,汉语通用书面语也很早就形成了,如早期提到的"夏语"、"雅言"、"中原之音"。

通用书面语相对于方言更为正式,就被赋予了"文"的色彩,因此,书面语系统的读法在方言社会中就成为"文读",本地的读法就是"白读",如果书面语与某个方言语音系统差别比较大,那么,该方言中的"文白异读"就很多,比如,闽方言、山西方言中的"文白异读"就很多。所谓"文白异读"就是同一语素,在书面语中的读法与在方言土语中读法不一样,由于二者存在差异,方言使用者一时难以意识到二者是"同一"的,因此,就出现了"异读"现象。这种文读叠加白读的现象也成为"叠置式"音变,因为文读系统会与白读系统竞争,在强势的书面语,也即权威方言的支持下,文读一般会战胜白读,白读最后仅保留在特殊的地名、人名等词汇中。

汉字是一种不直接表音的文字系统,十分适合中国方言众多的情况,不同方言的人都可以用自己的方言语音来读汉字,但在使用通用书面语时则要按照权威方言来读。由于受汉字的限制,中国古代只能以韵书等形式来限定书面语读音的系统,也就是字音的分合关系,哪些字是可以押韵的,哪些字的声母相同,哪些字的声调相同等,但对字音的实际音值则缺乏精确的手段来描述。这就造成了各方言地区的人们以自己的语音习惯来理解通用书面语,也就是所谓折合出来的"文读"。也就是说,即使是统一的书面语,各地的"文读"在语音上也可能不同,但在音系上是一致的。

随着中国古代社会王朝更替,书面语的基础方言也可能发生变化,文读系统就会发生变化,比如,魏晋南北朝时的《切韵》,元代的《中原音韵》,等等。这些韵书的系统就有比较大的差异。因此,不同时代的通用书面语就有可能在方言中造成不同的"文读"。这样就会在一个方言中形成"新文读""旧文读"等多种系统叠置的状况,这种现象也叫"层次",类似于地质学上地层的层层累积。最底层的是方言自身的系统,上面的都是来自各个时代的

通语。由于各种层次之间存在竞争关系，有些层次可能已经被替换了，如果没有留下足够的痕迹，就难以复原了。

三、外族书面语的层次

采用外族的语言作为自己通用书面语的情况可以按照社会条件的不同状况分为三种，分别是：(1)统一国家下，一个民族借用其他民族的语言作为通用书面语；(2)借用其他国家的书面语作为通用书面语；(3)由于一国侵占另一国，而强制被占领国家使用战胜国书面语。第一种的典型是中国境内壮族等采用汉语作为通用书面语；第二种的典型是越南曾采用汉语作为通用书面语；第三种的典型是法国通过诺曼征服占领英国，而使法语一度成为英国的通用书面语。

这三者都会造成外族书面语的输入，但由于三者的社会状况不同，会造成不同的结果。第一种情况可能维持很长的时间，而且由于通用书面语基础方言的变化而造成不同的层次，另一方面，由于在统一的地域内，可能促成语言联盟的形成；由于民族国家独立意识的兴起，第二种情况中借用的通用书面语最终会被基于本民族语言的书面语系统替代，比如，越南后来就不再使用汉字系统，但汉字音在越南语中留下了很完整的系统，并促使越南语产生了声调，这与其亲属语言其他孟高棉语言的结构类型是不同的；第三种情况通常的结果是战胜国的退出，其书面语言也相应地退出，只在某些方面留下痕迹，比如，法语在英语中留下一些词汇，主要是当时统治阶层关注的事物。

这种方式造成的结果常常是单向性的，与自然语言接触（或者说相邻语言接触）的双向性不同。

四、共同语

共同语分为两种，民族共同语和国家共同语。需要注意的是，共同语与前面讲到的通用书面语之间的关系，共同语是在民族、国家观念形成后的一种高级形式。共同语不仅包括书面形式，还包括口语形式。

民族共同语是在社会发展过程中由于政治、经济、文化等方面的原因，使得某个方言超越其他方言而成为共同的标准。由于北京长期作为政治中心，北京音成为汉民族的共同语——普通话的标准音；由于伦敦是经济中心，伦敦方言成为英吉利民族共同语的基础方言；由于文化方面的中心地位，多斯岗方言成为意大利民族共同语的标准。

民族共同语常常是社会发展中自然形成的，而国家共同语是国家政权根据政治、经济、文化等方面的原因综合考虑的结果，比民族共同语考虑的因素更多。民族共同语一般只有一个，但国家共同语却可以有多个。

第六节 语言接触的特殊形式——混合语

一、洋泾浜

洋泾浜就是一种简陋的外语变体，为了与外语者进行简单交际，本地人使用少量的关键外语词汇和简单的语法来表达。洋泾浜这种外语变体临时性比较突出，其语音带有浓厚的本地色彩，语法也常常是最俭省的，一些复杂的屈折变化都省略了，一致关系都不要求，主要运用语序来作为语法手段。

由于其临时性，只要能达成需求就行，洋泾浜的规范性就很弱，一个音位常常有不少变体，因为不同的人有不同的发音喜好。由于洋泾浜使用的场合很有限，交际的双方对彼此的语言半通不懂的，交际的内容也很有限，词汇量很小，常常由于特殊交际需求的消失而不再使用。对洋泾浜比较直观的感受可以考虑类似于八达岭长城脚下的小贩与外国游客之间的讨价还价，当地小贩对外国人说的简单英语是一种洋泾浜，外国人说的有限汉语对当地小贩来说也是一种洋泾浜。小贩收摊回家后就不再使用它了。

没有人将洋泾浜作为母语，但由于特殊的社会原因，有些地区的孩子一开始不得不使用洋泾浜，他们就会将之发展成为混合语，否则，洋泾浜满足不了表达的需要。

二、混合语

混合语，顾名思义，就是混合而成的语言，是一种特殊的语言接触的表现。通常认为混合语的词汇主要来自强势语言，而语法来自使用者的母语。这种情形类似于语言替换的中间阶段，而这种中间阶段的中介语言突然中断了向目标语言接近的过程，自行发展为混合语。混合语的产生通常与殖民的历史联系在一起，很多不同地方的劳工被殖民者赶到一个种植园或者其他工作场地，他们之间就不得不用一种以殖民者语言的词汇为基础、自己的语法为基础的混合语来作为交际用语，当殖民地独立以后，混合语就发展成为当地的独立语言。当然，这是一种简单的说法，"混合语"的混合机制还有待进一步深入研究。

三、我国境内的土汉语和混合语

我们境内语言接触的状况十分复杂,无论从接触方式,还是接触的结果来看,对语言接触的机制都应该有新的启发。本节介绍的土汉语的情况和中国境内"混合语"的一些特征,都说明前面提到的零星借词、系统感染以及语言替换等普通类型并不代表语言接触类型的全部。

我国境内的土汉语在川、滇、藏等藏缅语分布区非常丰富,尤其是在茶马古道网络的主干道上,各地人民为了通话,基于自己的母语状况,以及交际对象的变化,发展出了不少土汉语的各种程度的变体,而目前对这方面的调查和研究还很不够,用现行的语言学理论来解释这些复杂接触的状况,常常捉襟见肘,这也说明这一方面的研究大有可为。

我国境内的所谓"混合语"的一个重要特点是词汇一方都主要来自汉语,但语法和音系一方却分别来自不同的民族语言系统,这与汉文化的扩散密切相关,也反映了汉语与民族语言接触时相互协调的情况。

土汉语和"混合语"的区分类似上文洋泾浜与"混合语"的区分,前者是临时交际用语,后者已经成了日常用语。需要注意的是,二者虽然可以如此区分,但从另一个角度来说,二者也是有联系的,没有截然的语言系统上的差别。土汉语有不同的状态,丰富而完整的土汉语很容易就转换成语言社会的母语,就成了混合语。

四、世界语

随着全球化的趋势加强,很多人不满足语言歧异给交流造成的障碍,因此,一种世界通用的国际辅助语就有必要了。很多人热心地提出各种方案,其中影响最大的是波兰医生柴门霍夫提出的世界语。世界上目前大约只有不到 200 万人能流利使用世界语,其他的国际语方案基本上都没有流传下来。

世界语是一种人造语言,有规则性强的优势,但对于社会的变化却不能迅速做出反应,难免失之僵化,另一方面,由于没有人以之为母语,世界上所有的人都需要重新学习其中的规则才能掌握之,相比选取一种使用人口众多,涉及范围广的自然语言来说,世界语的学习成本巨大。因此,世界语是一种良好的愿望,希望能公正地设计一种交际工具,但经过一百多年的实践检验,发现这个愿望难以实现。

练习与思考

一、名词解释

借词   语言联盟   语言替换   语言底层
共同语   洋泾浜   克里奥耳语

二、填空

1. 语言发生接触的前提条件是_____。
2. 语言接触从根本上说是_____接触。
3. 共同语分为两种：_____和_____。
4. 现代汉民族共同语,即_____,是以_____为基础方言,以_____为标准音,这主要是_____的原因。
5. 世界语是由波兰医生_____提出来的。

三、简答题

1. 谈谈语言接触与语言分化的差异与联系。
2. 从音义关系看,举例说明汉语的借词有哪些表现形式。
3. 谈谈借词与社会的关系。
4. 从语言接触的角度谈谈汉语方言中文白异读的形成与发展。
5. 谈谈语言替换过程中"双语"的作用。
6. 谈谈洋泾浜与混合语的联系与区别。
7. 世界语为什么不能代替自然语言。

第九章　语言系统的演变

内容提要

　　本章讲授语言系统在历时发展过程中内部结构的变化，讨论了在不考虑外来影响（语言接触）的条件下，语言系统自身各个分系统的演变会有什么样的结果，演变的方式和途径又是怎样的。首先介绍语音的演变，包括语音演变的规律性、语音对应关系和历史比较法，然后介绍语法的演变，包括语法的组合规则和聚合规则的发展、类推、重新分析和语法化，最后介绍了词汇和词义的演变。语音、语法、词汇三个子系统各自相对独立，自成系统，但三者之间也有密切的联系，一个子系统的变化可能会引发其他子系统的调整。

教学目的和要求

　　了解语音、语法、词汇和词义的发展的一般规律和特点，认识语言的演变是有规则的而不是杂乱无章的。

重要名词概念

　　音变规律　语音对应关系　历史比较法　类推　重新分析　语法化　词义的扩大　词义的缩小　词义的转移

教学建议

　　本章是从语言内部结构要素角度阐述语言的演变，学习语言系统发展演变的有关知识，认识语言演变的规律性，有助于进一步加深对语言符号系统性的理解。

　　本章中语音演变规律和历史比较法是学习难点，可重点结合汉语的语音发展变化来认识。

　　语法演变部分，重新分析和语法化是历史语言学研究的热点课题，需要引导学生结合具体的语言事实掌握其实质。

　　词汇和语义演变部分，要让学生明确虽然表面看去词的语义变化各不相同，但实际语义演变也是有规律可循的，隐喻和转喻在词义演变中起着重要的作用。

第一节 语音的演变

学习目标

　　了解研究语音演变的凭借
　　认识语音演变的规律性
　　认识语音对应关系在历史比较法中的地位和作用

教学重点与难点提示

一、研究语音演变的材料

　　研究语音演变的凭借主要有三个,一是方言和亲属语言,一是记录了语言的过去状态的文字,一是古代借词。

　　语言演变的不平衡性使同一语言在不同的地区表现出差异,从而形成了方言或亲属语言,它们之间的差异往往代表某一语言现象的不同发展阶段,我们正可以从地域的差别中去探索有关现象的发展过程。比如,汉语方言中尖团分合的不同表现这种地区性差异不仅证明了语音的演变,而且还能提供哪部分音尖团先合流,哪部分音尖团后合流这样的信息。一种语言在地域上的差别可以反映语音在时间上的发展序列,在同一地点上不同人群中的差异也可以反映语音在时间上发展的不同阶段,只是后者反映的时间跨度更小,阶段更细密。

　　文字具有保守性,语言起了变化,文字往往还是老样子,或者虽然作了调整,但过了一些时候又会落在语言的后面。我们正可以利用文字的保守性去探索过去的语言面貌和它的演变线索。这在一些采用拼音文字的语言中是一种行之有效的方法。

　　汉字不是拼音文字,具有跨时代跨地区的特点,要考察汉语语音的演变,必须找别的途径。研究汉语语音的演变除了比较方言外,还有以下三方面的材料可以利用:(1) 押韵。诗经代表上古音,唐诗代表中古音。原来押韵的字到了现代不押韵了,说明读音有了变化。(2) 形声字。形声字的声符可以提供语音信息。但是利用形声字材料应以古文字为准。(3) 古代的借词。古汉语从外语借入的词、外语从古汉语借去的词都能提供音变的线索。前者如汉译佛经,后者如隋唐时期日、朝、越等国从汉语借去的词。借词用做语音史研究的材料一定要注意词语借贷的时间和地域限制。比如,汉语中的佛教借词要区分是东汉借的（通过西域诸国传入），还是唐代借的（通过玄奘天竺取经传入）；前者一般取自西域诸国转抄的佛经（如巴利文佛经），后者一般直接取自梵文佛经，两者的语音系统不尽相同。而日本借用的汉字音，也有吴音（南北朝时的南朝音）和汉音（唐代长安音）之别。再如英语的 sofa 借到汉语中成了"沙发"，这是因为这个词是由吴语先借进来的，吴语的"沙"的音是[so]。英语的 taxi[tæksi]借到汉语中成了"的士"，是因为它是由广东话先借入的，广东话的"的"音[tik]。另外还要注意，因借入方与借出方音系的不同，借入方可能因无法容纳贷方的语音，而对借入的音进行改造。

二、语音演变的规律性和演变机制

在不受外界影响的情况下，音变很有规律。这是因为每个音位都处于系统之中，音系的平行对称性制约了音系演变的方式和结果。音位的演变以区别特征为单位，某一区别特征的变化不只涉及一个音位，而是会涉及同一聚合群中具备这一区别特征的其他音位。比如，浊音的消失，涉及不同部位、不同发音方法的所有的浊音。

语音演变的规律性有几个明显的特点。第一，变化有一定条件的限制。凡符合条件的一律都变，没有例外（如果出现例外，那也可以找出产生这种例外的原因，或者是由于类推，或者是由于语言接触），语法语义条件不起作用。比如，在尖团合流的变化中，只要符合声母是精组和见组、韵母是细音的语音条件，都合流为舌面前声母，不论含有这些声母的字是名词性的、动词性的、形容词性的，也不管它们表达了什么语义。第二，语音演变规律具有时间性。语音演变规律只在一段时期中起作用，过了这一时期，即使处于同样的条件下也不会遵循原来的规律发生语音变化。第三个特点是地区性，音变只在一定的地域中进行。

三、语音对应关系和历史比较法

语音对应关系是指方言或亲属语言之间的同义或意义上有联系的一组词在语音上呈现出来的系统性差异。比如，"婆袍盘平"等许多字在吴语中都是浊塞音 b 声母阳平调，而在北京话中都是清送气塞音声母 p^h 阳平调，形成吴语和北京话一系列同义词根在阳平调条件下声母 b（吴语）对 p^h（北京）的语音对应关系。

要注意的是语音对应并不等于语音近似。上面提到的 b 与 p^h 的对应是语音相似的对应,下面举一个语音不相似的对应。北京话的 ər 音节字中的口语常用字有"儿耳二",它们在吴语(如绍兴话)的口语词(如"儿子、耳朵、阿二")中的读音是 ȵi。虽然 ər 与 ȵi 语音上相距甚远,但同一个字凡是北京话读 ər 的地方,吴语都读 ȵi,就也是有语音对应关系。

方言和亲属语言基本词根存在的语音对应关系是它们有历史同源关系的最有力的证据。因为(1)语言符号的任意性决定了在最小语言符号创立之初语言为哪些词根选择了相同的辅音或元音这种同音关系完全是偶然的。如北京话"婆袍盘平"的第一个辅音相同,构成同声母的集合,为什么这些字当初选择了同声母完全是任意的、无理据的;可对比英语表同样意义的词根为(old) woman、robe(或 gown)、plate(或 dish, tray)、flat(或 level, even),第一个辅音各不相同,无法构成同辅音的集合。因此,不同语言的词根有语音对应关系,不可能是人类语言的普遍性所致;而一系列基本词根有对应关系,从概率上也排除了碰巧如此的可能,只能是它们在历史上曾是同一语言的反映。(2)语言演变在语言内部的不平衡性决定了语言中的基本词根是语言中十分稳定的部分,即使已分化为不同的方言和亲属语言,基本词根也较少被替换,长期保留在各后代语中。(3)语音有条件地整齐演变的特点决定了符合某一语音条件的语言符号要变一起变,这样,同一语言在因为语音演变有时间地域限制的特点而各地变化快慢或方向不一而分化为方言或亲属语言时,各地的差异只在词根的具体语音形式,而原来在共同祖语时期就创立的词根的同音分组关系依然会保持下来。词根有语音形式上的差异,又有相同的同音分组关系,就形成了成组有差异对应的语音对应关系。

方言和亲属语言间共时语音差异的研究是语音史研究的重要资料,因为"共时的空间差异反映历时变化的不同阶段"。即:由于语音演变在时空上的不平衡性,现代方言或亲属语言的共时差异实际上可以看作是语音演变已变、未变、同一方向变化的各个阶段或不同方向变化的反映。把这些共时的差异收集起来加以比较,就可以在一定程度上复原语言未分化时早期的语音面貌、复原语言分化时语音变化各个阶段的面貌。

历史比较语言学就是比较方言和亲属语言的共时差异重建语言史的一门学科。根据语音对应关系,比较方言或亲属语言之间的差别来拟测原始"祖语"的方法,叫作历史比较法。在历史比较法之前,没有历史文献的语言就没有语言史可言,而历史比较法为这些语言利用方言和亲属语言的差异重建语言史提供了可能。对于有历史文献的语言,方言和亲属语言的差异也有重要价值。比如,汉语虽然有许多历史文献,但汉字不表音,所以汉字文献只能反映古时的音类分合关系(如哪些字同韵、同声、同调),而不能反映这些音类的具体音值是什么。而通过方言和亲属语言共时差异的比较,就可以拟测出这些音类在古时候的音值。著名瑞典籍汉学家高本汉是第一个做这一工作的学者。

研究方言和亲属语言共时语音差异,找出差异的对应规律,对于现代社会也有重要的应用价值。我们可以自觉地利用方言的语音对应规律很快地学会另一种方言或更好地掌握普通话,也可以通过找出几种有同源亲属关系的外语之间的关系,在已掌握的一种外语的基础上更快地掌握其他亲属语言。

学习提示与建议

本节重点在于认识语音演变的基本理论,领会音变规律的基本精神。本节涉及不少语言演变的事实,要仔细研读,弄清演变事实所说明的规律性的东西。可以结合自己的方言,找一找自己的方言与普通话的语音对应关系。

第二节　语法的演变

学习目标

了解语法组合规则的发展
了解语法聚合规则的发展
认识语法发展中的类推作用
认识结构的重新分析在语法发展中的作用
了解语法化现象及其规律

重点与难点学习提示

一、组合规则的演变

语法规则具有高度的抽象性,因此也具有巨大的稳固性。尽管这样,它们还是在表达的要求、语音的演变、语法的类推等各种因素的作用下,处在逐渐的演变之中。

组合规则的演变主要表现为词序的改变。比如,汉语的词序在历时发展过程中出现的变化有:代词宾语从动词前到动词后,大名冠小名的消失,介词结构从动词后到动词前,补语从可以与动词分离(如"打头破")到补语必须与动词紧邻(如"打破头")等。

二、聚合类的演变

语法聚合类的演变主要表现为形态的改变、语法范畴的消长、词类的增减。

印欧语在发展过程中出现了形态简化的变化,如现代英语与古代英语相比,形态变化大大减少。

汉语缺少形态,语法聚合规则的变化主要表现在两方面:一是实词的句法功能比古代确定,词类的界限比古代清楚,特别是在历史发展中出现了特有的量词;一是开始出现构词词缀(-子,-儿,-头等等)和表示类似体的意义的专用语素(-了,-着,-过)。

语法中的聚合规则和组合规则有密切的联系,一方面的变化往往引起另一方面的变化。比如,格的失落这种聚合规则方面的变化会引起词序的固定化这种组合规则方面的变化。

三、类推

语言是既有规则、有条理,又到处存在着强式和例外的系统。因此语法中有齐整划一的趋势和抗拒这种趋势的矛盾。前者是语法演变中经常起作用的力量,叫作"类推作用"。类推作用铲平语法中的坎坷,推广新规则的适用范围,起着调整整顿的作用,给语言带来更大的条理性。但是类推作用的效能有一定限度,一则它推不倒根基深厚的旧山头,二则语言中的演变到处都在发生,一波未平,一波又起,所以语言总是达不到井然有序的境界,而类推作用也总是有它的用武之地。

类推和不规则形式的斗争仿佛一场拔河赛,哪方取胜,要看力量对比,这个力量表现在使用频率上。使用频率高的常用形式抗拒类推的力量强。

语法类推变化的特点是:

1. 语法类推是一种结构规则类比推广的过程,在这一过程中说话人是有意识地将新的规则类推到更多的语词或句子上去的。

2. 语法类推演变中符合该语法变化条件的词或句子是有的先变、有的后变、逐次推进的,而不是要变一起变。比如古英语中动词词根(只计担负词形变化的主要词根,如 do 和 undo 只计 do)取强式变化的大约有 300 多个,到中古英语早期(十二三世纪)其中的约三分之一出现了弱式变化,如 helped,stepped,published 等都在这一时期出现;到现代英语早期(十六世纪)又有 bide,crow,crowd,flay,mow,dread,sprout,wade 等一批词由强式动词变为弱式动词;到现在,英语动词词根取强式变化的还剩 60 余个。语法类推演变中变化的语词大多经过一个新旧模式共存的阶段。如中古英语早期许多动词都是强式和弱式变化两种形式共存。在现代英语仍取强式的 60 余个动词中有 10 余个是强式和弱式并存,如 light～lit～lit 与 light～lighted～lighted 共存。

四、结构的重新分析

结构的重新分析是指不同历史时期的两个结构,从表层看,所出现的语词和词序完全一致,但语词之间的结构层次或/和关系却变化了。也可以说,结构的重新分析,是指语法结构在外部形式不变的情况下被赋予与原先不同的新的理解。重新分析改变了一个语言形式的底层结构,但不改变其表层显示。比如古代汉语的指示代词"是"被重新分析为系动词,汉语的"被"从动词被重新分析为表示被动的助动词,等等。

结构的重新分析,一定会经过三个历史阶段:第一阶段,所有实例都是结构 A;第二阶段,有些实例只能是结构 A,有些实例只能是结构 B,还有一些实例既可以做结构 A 理解也可以做结构 B 理解;第三阶段,只有结构 B。

重新分析是一种自然的演变,语言使用者一般都意识不到演变的发生,只是在演变之后,对比演变前后的形式才发现演变的事实。

重新分析既可以看作一种演变现象,同时也可以看作演变的一种机制。句法范畴的改变、新的句法形式的出现都依赖于重新分析。重新分析是有条件的,在历史句法研究中,关键是要找出重新分析发生的环境和条件。

五、语法化

语法化是指这样一类变化:词汇性成分逐渐变为语法性成分,非语法范畴变为语法范畴,语法性较低的成分变为语法性更高的成分。例如,动词变为介词,话题变为主语,介词变为连词,等等。

语法化是一个连续渐进的过程,表现出比较强烈的单向性,在以下的语法化链条中,左边的成分可能变成右边的成分,而右边的成分一般不会变成左边的成分:

实词＞语法词＞黏附成分＞屈折成分

语法化现象也反映了语义演变的规律性。哪些实义词容易发生语法化,语法化后表示什么样的语法意义,常常有普遍性。同一种语法化模式往往会在不同语言中或在同一语言的不同时期反复出现。这主要是因为语法化是由一些普遍的认知机制如隐喻、转喻等决定的,而不同民族、不同时代的人们具有基本相同的认知机制。

语法化的过程必然涉及重新分析,但重新分析并不都是语法化。有些重新分析可能造成词汇化,如从一个词组变成一个实词。

语法化会受到语言类型特征的制约,如汉语是孤立语,所以汉语的语法化不会产生屈折词缀。

学习提示与建议

本节从语法演变的结果和方式途径两个方面展开讨论。要了解语法组合规则和聚合规则发展变化的种种现象,认识组合规则与聚合规则变化的相互影响。了解类推、重新分析在语法发展中的作用。认识语法化现象及其规律。通过本节的学习,要能够对语法演变的事实作出初步的分析。

第三节 词汇和词义的演变

学习目标

认识词汇和词义的演变的事实
认识词汇和词义的演变的原因
认识词汇和词义的演变的方式与途径

重点与难点学习提示

一、新词产生、旧词消亡和词语替换

从词汇演变的结果看,常见的有新词产生、旧词消亡和词语替换三种现象。

新事物的出现和旧事物的消失以及人们认识的改变是新词产生和旧词消亡的原因。借用也可能产生新词。

新词产生和旧词消亡会引起词汇数量的改变。词汇的总的发展趋势是随着社会的发展而日益丰富,因为那些消失了的词语,在有文字的语言里一直保存在文献里,如有需要还可以随时让它复活。

词语替换的特点是改变某类现实现象的名称，而现实现象本身并没有发生变化或没有发生大的变化。核心词汇相对比较稳定，一般词汇的词语替换则比较频繁，它与社会的变化有关。例如，我国古代称三十年为一世，唐初时因避唐太宗李世民的讳，用"代"替换"世"。词语替换也与人们的认识的变化有关，比如，新中国成立以后，汉语中好多词语被认为是反映了旧社会的等级观念而改变了说法，如：司令官——司令员，百姓——人民，厨子——炊事员。

基本词汇里面的词是稳固而不易起变化的，但是有些词也在缓慢地更新。用来替换的新词大多是与原词意义相近的词，如：脚——足，脸——面，眼——目（每一对中前面的词都在历时发展中替换了后面的词）。

二、词汇演变与语言系统

词汇的演变要受到语言系统的制约。这表现在以下几方面：

(1) 词语的替换要受到词汇聚合关系的制约。

词语的替换往往不是孤立地发生的，有不少替换相互之间有紧密的联系。比如"嘴""皮""肉""毛"替换了"口""肤""肌""羽"，经过替换，原本只能指动物的器官的词变得也可以指人的器官了。

(2) 创制新词的方式与语音、句法等其他子系统以及不同子系统之间的关联有关系。

汉语创制新词的方法主要有两个阶段：南北朝之前，以词形内部交替的单音孳生法为主；从南北朝开始，两个单音词根的复合法逐渐占据优势。这个过程在汉语史研究中被称为词汇的"双音化"。这一变化是汉语词汇系统的一个大变化，也是影响汉语整个语言系统的一种大变化。复合双音词占据优势的一个原因是，魏晋之后汉语的语音系统大大简化，许多原来不同音的词魏晋之后变得同音了。为了避免同音混淆带来的歧义，汉语在发展过程中就用复音词来替换单音词。

伴随着双音化的进程，原来的一些双音非词形式（主要是短语，也有一些是不构成句法单位的双音相邻成分）在发展过程中变成了双音词，这一现象被称为"词汇化"。如"后悔"原来是一个短语，其中"悔"是一个动词，表示"懊悔"，而"后"是一个时间词，表示"以后"。《诗·召南·江有汜》中有"不我以，其后也悔"，"后"和"悔"之间插入了别的成分，可以证明"后"和"悔"是独立的词，到唐代时，"后悔"经过词汇化的过程变为了一个词。

三、词义的演变

词义的演变是指词的形式不变,而意义发生了变化。从词义演变的结果看,新义不外是旧义的扩大、缩小或转移。不管是哪种结果,新义和旧义之间总是有联系的。

词义的演变也是有规律可循的。有一些演变的方式我们可以在不同的语言中看到,比如从空间义到时间义的引申就是一个非常常见的语义演变现象。

现实现象的变化可能引起词义的变化,比如"祝福",这两个字的形旁都是"示",表明这两个字都与祭祀有关,"祝"作为动词是"祷告、祝祷"的意思,"福"作为动词是"赐福、保佑"的意思,"祝福"原是祈求神灵赐福的意思,随着社会文化的发展,"祝福"不再与神灵有关了,而是指人与人之间祝愿幸福顺遂的意思。

词义聚合关系和组合关系的影响也可以引起词义的变化。如果属于同一语义场的词语聚合中增加了新的成员,就会引起其他词的意义发生变化。比如,当饮食语义场中增加了"喝"以后,"吃"的语义就受到了限制,不再与表示液体食物的名词搭配了。词义大多是在语义组合中获得自己明确的意义的,组合关系的变化也会引起词义的改变。词义由褒到贬或由贬到褒的变化,都是由于组合关系的变化。比如,当一个原本是中性的词越来越多地用于贬义的场合时,受到组合环境的影响,这个词就会从中性变为贬义,"爪牙"一词就经历了这样的变化。

从认知的角度看,词义的变化与隐喻、转喻等认知方式有关,词义的变化就可以分为隐喻引申和转喻引申两种。隐喻是基于相似性从一个认知域到另一个认知域的投射,隐喻是有方向性的,通常是从具体的认知域向抽象的认知域投射或从熟悉的认知域到不熟悉的认知域投射。比如"跌"原指物体从高处向低处掉落,后来"跌"可以指价值由高变低,如"股票跌了",这一词义变化就是一个从具体到抽象的隐喻引申的例子。转喻基于相关性,转喻的变化从一定程度上可以是双向的,既可以用整体转指部分,也可以用部分来转指整体,既可以用过程来转指结果,也可以用结果来转指过程,这就造成了语言中既有词义扩大,又有词义的缩小。但转喻也是有规律的,一般是要用认知上显著度高的来转指认知上显著度低的。认知显著度的高低与出现的环境有关。隐喻和转喻作用于认知域,因而语言中语义相关的词(属于同一认知域)往往会发生相似的词义变化,比如"高"可以指离开海平面的距离大,也可以通过隐喻引申指技能、水平等比较好,"高"的反义词"低",和"高"处于同一认知域中,也有类似的隐喻引申,既可指离开海平面的距离小,也可以指技能、水平等比较差。

词义演变的认知机制是隐喻和转喻,隐喻和转喻是人类普遍具有的思维方式,所以,在不同语言中,会出现一些相同的词义演变模式。

学习提示与建议

词义演变是语言中很普遍的现象,在当前语言生活中也可观察到,要结合实例了解词义变化的各种类型,并结合多义词的词义引申来学习。关键是认清词义变化的原因与途径,理解隐喻和转喻的认知机制在词义演变中的作用,明确词义演变是有规律的。

练习与思考

一、填空

1. 从词义演变的结果看,新义不外是旧义的扩大、缩小和转移,英语"deer"原来指"野兽",现在指"鹿",这属于词义的_____。"兵"原来指兵器,后来指士兵,这属于词义的_____。

2. 语音演变的规律具有三方面的特点,一是_____,二是_____,三是_____。

3. 从宾动语序变为动宾语序这是语法演变中_____规则的变化。

4. 音位的演变以_____为单位。

5. 语法中有齐整划一的趋势和抗拒这种趋势的矛盾。前者是语法演变中经常起作用的力量,叫作_____。

6. "戏子"现称"演员","金陵"现称"南京",这属于_____。

7. 汉语为解决由于语音变化而带来的大量同音词的问题,它所采取的方法是_____,用_____为主的格局来取代_____为主的格局。

8. 研究语音演变的凭借主要有_____、_____和_____。

9. "信"原指"送信的人",后来指"书信",这一词义演变是由_____认知机制引起的。

10. 汉语孤立语的特点使得汉语的语法化不会产生_____。

11. 方言和亲属语言之间的语音对应关系是由_____决定的。

二、单项选择

1. 汉语发展过程中量词的出现属于(　　)方面的变化。
    A. 语义
    B. 语法组合规则
    C. 语法聚合规则
    D. 形态

2. 以下哪一点表明词义发展具有一定系统性和规则性(　　)
    A. 词义随着社会的发展而发展
    B. 基本词汇变化慢,一般词汇变化快
    C. 具有相同或相近语义的词倾向于出现相同的变化
    D. 词义可以扩大、缩小或转移

3. 中古英语的 wifeman(妇女)由 wife(女人)和 man(人)构成,是个复合词。后来这个词中的 wife 由于发音上的原因演变为 wo,现代英语中的 woman(妇女)成为一个词了。这是(　　)。
    A. 句法的变化引起了词的结构的变化
    B. 语音的变化引起了句法的变化
    C. 词法的变化引起了词的结构的变化
    D. 语音的变化引起了词的结构的变化

4. 以下的陈述不正确的一项是(　　)
    A. 随着旧事物的消失,表示它们的词语也会随之彻底消失。
    B. 类推的效力是有限的,不可能消除语言中所有的例外现象。
    C. 词汇的总的发展趋势是词语越来越多。
    D. 社会的变动可能会引起词语的替换。

5. 确定语言之间的亲属关系的主要依据是(　　)
    A. 系统的语音对应关系
    B. 地理上邻近
    C. 语言使用者的民族相同
    D. 有着相同的语法结构

三、名词解释

历史比较法　语法化　重新分析

四、简答题

1. 以汉语为例谈谈语法组合规则的演变。
2. 举例谈谈语言演变过程中聚合规则和组合规则的相互影响。
3. 举例说明为什么词汇发展中会有新词的产生和旧词的消亡现象。

五、论述题

从语音、语法、词汇三个方面谈谈语言演变的规律性问题。